Islamische Finanzen Verstehen

Hussein Elasrag

Inhalt

1. Einleitung: 1

II. Grundlagen der islamischen Finanzen 9

III. Führende Organisationen der Islamic Finance 64

IV. Islamic Finance in den Vereinigten Staaten 74

V. Schritte vorwärts - Einige Empfehlunge 79

Bibliographie 149

1. Einleitung:

Das islamische Finanzwesen ist das einzige Beispiel eines Finanzsystems, das direkt auf den ethischen Grundsätzen einer großen Religion basiert und nicht nur Anlagerichtlinien, sondern auch eine Reihe einzigartiger Anlage- und Finanzierungsprodukte enthält. "Das islamische Finanzwesen basiert auf dem islamischen Gesetz Scharia Das enthält Richtlinien für verschiedene Aspekte des muslimischen Lebens, einschließlich Religion, Politik, Wirtschaft, Bankwesen, Wirtschaft und Aspekte des Rechtssystems. Was Shari'ah-konforme Finanzierung (SCF) anstrebt, ist die Gestaltung von Finanzpraktiken und entsprechenden rechtlichen Instrumenten Islamisches Gesetz. Zu den wichtigsten finanziellen Grundsätzen der Scharia gehören ein Zinsverbot, ein Unsicherheitsverbot, die Einhaltung von Risikoteilung und Gewinnbeteiligung, die Förderung ethischer Investitionen, die die Gesellschaft stärken und nicht gegen im Koran verbotene Praktiken und gegen materielle Vermögenswerte verstoßen. Unterstützung (Elasrag, 9. April 2011)

Geld ist nach islamischen Lehren ein Wertmaß und keine Ware. Schulden sind eine Beziehung, in der Risiko und

Verantwortung von allen Vertragsparteien gemeinsam getragen werden. Geld muss praktisch eingesetzt werden, um den Teilnehmern der Transaktion einen echten Wert zu schaffen. Es muss verwendet werden, um zu schaffen und nicht an und für sich eine Ware sein. Aus diesem Grund ist die Wahrnehmung der Kapitalerhöhung und die Erzielung einer passiven Kapitalrendite, die dem Zeitablauf (dh den Zinsen) zugrunde liegt, verboten. Kurz gesagt, Geld darf nicht mit Geld verdient werden.

Die Gründung moderner islamischer Finanzinstitute begann vor drei Jahrzehnten. Gegenwärtig gibt es in mindestens 70 Ländern islamische Finanzdienstleistungen. Fast alle großen multinationalen Banken bieten diese Dienstleistungen an. Die zugrunde liegenden Finanzprinzipien im Islamic Finance sind seit ihrer Entwicklung vor über 1.400 Jahren historisch unverändert geblieben. Finanzprodukte müssen von einem islamischen Experten als Sharia-konform zertifiziert sein. Die Zertifizierung erfordert, dass bei der Transaktion eine Reihe von Grundsätzen eingehalten wird, die Folgendes umfassen: (Chapra, 2011)

- Unterstützung durch materielle Vermögenswerte, Nießbrauch oder Dienstleistungen, um „Spekulation“ (gharar) zu vermeiden. Zinsverbot (riba).

- Risiko, unter den Teilnehmern geteilt zu werden.

- Beschränkungen beim Verkauf von finanziellen Vermögenswerten und deren Verwendung als Sicherheit.

- Verbot der Finanzierung von Tätigkeiten, die als unvereinbar mit dem Sharia-Gesetz (haram) gelten, wie

Alkohol, herkömmliche Finanzdienstleistungen, Glücksspiele und Tabak.

Moderne islamische Finanzen entstanden Mitte der 1970er Jahre mit der Gründung der ersten großen islamischen Banken. Die Entwicklung erfolgte zunächst durch die Vermarktung eines stetig wachsenden Angebots an Sharia-konformen Finanzinstrumenten.

Dieses angebotsorientierte Modell trug bis Mitte der 1990er Jahre zu einem relativ langsamen Wachstum bei, seitdem die Nachfrage die Entwicklung islamischer Finanzinstrumente zunehmend vorangetrieben hat. Steigendes Bewusstsein und die Nachfrage nach islamischen Produkten sowie unterstützende staatliche Maßnahmen und die zunehmende Raffinesse der Finanzinstitute haben das Wachstumstempo gemeinsam erhöht.

Zwei Entwicklungen waren für die Expansion der islamischen Finanzmärkte von entscheidender Bedeutung. 1998 spielten die sogenannten „Dow Jones Islamic Indexes Fatwa" eine transformative Rolle, da sie den Zugang zu einer „zulässigen Unreinheit" bei Finanztransaktionen öffneten und einen Begriff der Reinigung und Reinigung institutionalisierten, durch den geringe Beträge unzulässiger Zinseinkünfte erzielt wurden könnte durch Spenden für wohltätige Zwecke gereinigt oder gereinigt werden. Dies wiederum führte zu einer Reihe von Aktieninvestmenttests, mit denen potenzielle Investitionen zur Einhaltung der Scharia bewertet werden könnten. Eine zweite kritische Neuerung war die Einführung von Sukuk - einem Scharia-konformen Substitut für Anleihen -, bei dem der Kapitalschutz nicht als Darlehen, sondern als verbindliche Vereinbarung des Emittenten zum Rückkauf bestimmter Vermögenswerte über einen bestimmten Zeitraum erzielt wird.

Sukuk hat sich mittlerweile zu einem Rückgrat der islamischen Kapitalmärkte entwickelt und das rasante Wachstum islamischer Finanztransaktionen ermöglicht.

Während die islamische Finanzindustrie nur einen Bruchteil des globalen Finanzmarktes ausmacht, ist sie in den letzten Jahren zweistellig gewachsen. Schätzungen zufolge belief sich das weltweit unter islamischer Finanzierung gehaltene Gesamtvermögen im Jahr 2010 auf 1 Billion US-Dollar. Islamische Banken scheinen gegenüber den unmittelbaren Auswirkungen der internationalen Finanzkrise und des globalen wirtschaftlichen Abschwungs widerstandsfähiger als herkömmliche Banken zu sein. Einige Analysten haben dies auf die Vermeidung spekulativer Aktivitäten durch islamische Banken zurückgeführt. Die islamische Finanzbranche war jedoch dem generellen Nachfragerückgang und der Verunsicherung der Anleger nicht völlig abgeneigt.

TheCityUK schätzt, dass der weltweite Markt für islamische Finanzdienstleistungen, gemessen an Sharia-konformen Vermögenswerten, Ende 2012 1.460 Milliarden US-Dollar erreichte, ein Fünftel gegenüber dem Vorjahr. Dies bedeutet, dass sich das globale Vermögen der Islamic Finance seit Beginn der wirtschaftlichen Abschwächung verdoppelt hat. Die Branche wird in den kommenden Jahren deutlich wachsen. Bei einer aktuellen Wachstumsrate von etwa 20% pro Jahr könnte der Markt bis Ende 2014 ein Vermögen von 2 Billionen

US-Dollar erreichen. (Britisches islamisches Finanzsekretariat UKIFS, 2013)

Vermögenswerte, die einzelnen Ländern aus der Umfrage des Bankers zugewiesen werden können, zeigen, dass die führenden Länder für Scharia-konforme Vermögenswerte der Iran sind, auf den rund 36% des Weltmarktes entfallen, Malaysia (17%) und Saudi-Arabien (14%). Es folgen andere Golfstaaten wie VAE, Kuwait, Bahrain und Katar sowie die Türkei. Platz neun ist Großbritannien mit 19 Mrd. US-Dollar ausgewiesenen Vermögenswerten das führende westliche Land. Weltweit sind über 700 Institute als Sharia-konforme Organisationen für Finanzdienstleistungen registriert . Davon sind rund 500 vollständig kompatibel, und der Rest setzt sich mit Sharia-konformen Produkten in einer herkömmlichen Institution zusammen. Zu den Ländern, von denen die meisten der 430 Unternehmen der Umfrage von The Banker angehören, gehören Bahrain und Indonesien mit 74 bzw. 71 Unternehmen. Malaysia, Iran, Kuwait und Saudi-Arabien gehörten zu einer Gruppe von Ländern mit mehr als 50 Unternehmen. (Islamisches Finanzsekretariat UKIFS, 2013)

Die vielfältigen Gründe für das Wachstum des islamischen Finanzsektors in den letzten Jahren: (Alasrag, 2010)

(1) Der Geldfluss in muslimische Öl produzierende Staaten;

(2) Wachsendes politisches und soziales Bedürfnis in der muslimischen Welt nach finanziellen Alternativen zu Bank- und Investmentinstituten, die historisch vom Westen dominiert wurden;

(3) Die sich ausbreitende Kreditkrise auf den globalen Finanzmärkten und die Notwendigkeit, neue Kapitalquellen zu erschließen;

(4) Das Wachstum von Staatsfonds und der Wunsch nach Scharia-konformen Instrumenten, durch die sie investiert werden können; und,

(5) Die sich rasant beschleunigende Anzahl grenzüberschreitender grenzüberschreitender Finanztransaktionen, die in einer globalisierten Weltwirtschaft möglich und erforderlich sind, übersteigt die von muslimischen Anlegern weltweit gehaltenen Vermögenswerte mittlerweile über 1,6 Billionen US-Dollar, und dieser Betrag wird voraussichtlich bis 2010 auf 2,7 Billionen US-Dollar steigen.

Scharia Compliant Finance hat sich zu einem akzeptierten und dynamischen Element bei internationalen Finanztransaktionen entwickelt. Es bietet eine neue Gelegenheit, die moralischen und ethischen Aspekte von Wirtschaft und Finanzen, die über die arabische und islamische Welt hinausgehen, zu betonen, um eine Neubewertung der Kernwerte aller globalen Finanztransaktionen anzustoßen und die finanziellen Ressourcen bereitzustellen, die zur Entwicklung des Humankapitals erforderlich sind wird den wirtschaftlichen und sozialen Fortschritt stützen. Die wichtigsten Prinzipien der islamischen Finanzierung sind:

(1) das Verbot, Zinsen anzunehmen oder zu erhalten;

(2) Das Kapital muss einen sozialen und ethischen Zweck haben, der über die reine, uneingeschränkte Rückkehr hinausgeht.

(3) Investitionen in Unternehmen, die sich mit Alkohol, Glücksspielen, Drogen oder etwas anderem befassen, das die Scharia für rechtswidrig hält, werden als unerwünscht und verboten angesehen.

(4) ein Verbot von Transaktionen mit Maysir (Spekulation oder Glücksspiel); und

(5) Ein Verbot von Gharar oder Ungewissheit über den Gegenstand und die Vertragsbedingungen - dazu gehört auch das Verbot, etwas zu verkaufen, das man nicht besitzt.

Aufgrund der Beschränkung bei zinsbringenden Anlagen müssen islamische Banken ihre Gewinne durch Gewinnbeteiligungen oder gebührenorientierte Erträge erzielen. Wenn Kredite für geschäftliche Zwecke vergeben werden, sollte der Kreditgeber, wenn er unter der Scharia einen legitimen Gewinn erzielen will, an dem Risiko teilnehmen. Wenn ein Darlehensgeber nicht an dem Risiko beteiligt ist, wird sein Gewinn aus dem geliehenen Betrag als Zins gewertet. Islamische Finanzinstitute haben auch die Flexibilität, Leasingtransaktionen durchzuführen, einschließlich Leasingtransaktionen mit Kaufoptionen.

Es kann gefragt werden, warum Nicht-Muslime sich bereit erklären würden, islamische Finanzstrukturen zu nutzen. Die wichtigste Antwort ist, dass die Finanzierung durch Islamic

Finance die Möglichkeit bietet, die bedeutenden Fonds islamischer Investoren zu nutzen, die eine Scharia-konforme Anlage suchen. Darüber hinaus kann die islamische Finanzierung mit herkömmlichen Finanzierungsquellen und der Unterstützung von Export Credit Agency (ECA) kombiniert werden.

Mit der weiteren Entwicklung der islamischen Finanzbranche steigt der Bedarf an Standardisierung und Professionalität in der gesamten Branche. Damit verbunden ist die Wichtigkeit der Einführung robuster Corporate-Governance-Systeme mit international anerkannten Standards, die transparente, faire und ethische Arbeitspraktiken beinhalten. Islamische Finanzinstitutionen sind in diesem Zusammenhang gut aufgestellt, denn im Zentrum des islamischen Rechts steht eine Vision der sozialen Entwicklung, die alle Einzelpersonen und Unternehmen dazu verpflichtet, sich ethisch und sozial verantwortlich zu verhalten.

In diesem Buch wird der Hauptprinzipal der islamischen Finanzen herausgestellt. Zusätzlich zur Diskussion kann die Verbesserung in mehreren Bereichen erfolgen, um die Bereitstellung islamischer Finanzdienstleistungen zu fördern und zu verbessern.

II. Grundlagen der islamischen Finanzen

Eines der wichtigsten Ziele des Islam ist die Verwirklichung einer größeren Gerechtigkeit in der menschlichen Gesellschaft. Laut dem Koran wurden alle Boten Gottes gesandt, um die Gerechtigkeit zu fördern, und jede Gesellschaft, in der es keine Gerechtigkeit gibt, wird letztendlich in Richtung Verfall und Zerstörung gehen. Eine der wesentlichen Voraussetzungen für die Gewährleistung von Gerechtigkeit sind Regeln oder moralische Werte, die jeder treu akzeptiert und einhält. Das Finanzsystem kann Gerechtigkeit fördern, wenn es nicht nur stark und stabil ist, sondern auch mindestens zwei Bedingungen erfüllt. Eine davon ist, dass der Finanzierer auch am Risiko beteiligt sein sollte, um nicht die gesamte Verlustlast auf den Unternehmer oder den Kreditnehmer zu verlagern, und der andere ist, dass selbst den Armen ein angemessener Anteil der finanziellen Ressourcen der Gesellschaft zur Verfügung steht bezahlbare Bedingungen im Einklang mit ihrer Rückzahlungsfähigkeit, damit sie ihren Traum von eigenen Häusern, Hochschulbildung und Berufsausbildung sowie die Gründung eigener Kleinstunternehmen realisieren können.

Um die erste Bedingung der Gerechtigkeit zu erfüllen, verlangt der Islam, dass sowohl der Finanzierer als auch der Unternehmer den Gewinn und den Verlust gleichermaßen teilen. Zu diesem Zweck lautet eines der Grundprinzipien des Islamic Finance: „Kein Risiko, kein Gewinn.“ Dies sollte dazu beitragen, mehr Disziplin in das Finanzsystem einzuführen, indem Finanzinstitute dazu motiviert werden, die Risiken sorgfältiger zu bewerten und die Verwendung der Mittel effektiv zu überwachen von Kreditnehmern. Die doppelte Risikobewertung durch den Finanzierer und den Unternehmer sollte dazu beitragen, dem System mehr Disziplin zu verleihen und nicht nur bei der Steigerung der Effizienz der Ressourcennutzung, sondern auch bei der Reduzierung übermäßiger Kredite einen großen Beitrag zu leisten (Chapra, 2011).

Die islamische Finanzierung basiert auf der Scharia, einem arabischen Begriff, der oft in „islamisches Recht“ übersetzt wird. Die Scharia bietet Richtlinien für Aspekte des muslimischen Lebens, einschließlich Religion, Politik, Wirtschaft, Bankwesen, Wirtschaft und Recht. Eine Scharia-konforme Finanzierung (SCF) stellt Finanzpraktiken dar, die dem islamischen Recht entsprechen (Ilias, 2010).

Das islamische Finanzwesen wurde im Mittelalter vorwiegend in der muslimischen Welt praktiziert und förderte den Handel und die Geschäftstätigkeit bei der Kreditentwicklung. In Spanien, im Mittelmeerraum und in den baltischen Staaten wurden islamische Kaufleute zu unverzichtbaren Zwischenhändlern für Handelsaktivitäten. In der Tat wurden viele Konzepte, Techniken und Instrumente der islamischen Finanzierung später von europäischen Finanziers und Geschäftsleuten übernommen.

Im Gegensatz dazu ist der Begriff „islamisches Finanzsystem“ relativ neu und erscheint erst Mitte der achtziger Jahre. Tatsächlich wurden alle früheren Verweise auf kommerzielle oder kaufmännische Aktivitäten, die den islamischen Grundsätzen entsprechen, entweder unter dem Dach des "zinslosen" oder "islamischen" Bankwesens gemacht. Wenn das islamische Finanzsystem einfach als "zinsfrei" bezeichnet wird, ergibt sich jedoch kein zutreffendes Bild des Gesamtsystems. Zweifellos ist das Verbot des Eingangs und der Zahlung von Zinsen der Kern des Systems, aber es wird durch andere Grundsätze der islamischen Doktrin unterstützt, in denen die Risikoteilung, die Rechte und Pflichten des Einzelnen, die Eigentumsrechte und die Unbedenklichkeit von Verträgen befürwortet werden.

In ähnlicher Weise ist das islamische Finanzsystem nicht auf das Bankwesen beschränkt, sondern deckt Kapitalbildung, Kapitalmärkte und alle Arten von Finanzintermediation ab. Die Interpretation des Systems als „zinsfrei“ führt zu Verwirrung. Die philosophische Grundlage eines islamischen Finanzsystems geht über das Zusammenspiel von Produktionsfaktoren und wirtschaftlichem Verhalten hinaus. Während sich das konventionelle Finanzsystem hauptsächlich auf die wirtschaftlichen und finanziellen Aspekte von Transaktionen konzentriert, legt das islamische System gleichermaßen Wert auf die ethischen, moralischen, sozialen und religiösen Aspekte, um die Gleichheit und Gerechtigkeit für das Wohl der gesamten Gesellschaft zu verbessern. Das System kann nur im Zusammenhang mit den Lehren des Islam in Bezug auf Arbeitsethik, Vermögensverteilung, soziale und wirtschaftliche Gerechtigkeit und die Rolle des Staates vollständig gewürdigt werden.

Das islamische Finanzsystem beruht auf dem absoluten Verbot der Zahlung oder des Erhalts eines vorher festgelegten garantierten Rücklaufsatzes. Dies schließt die Tür zum Zinsbegriff und schließt den Einsatz von schuldbasierten Instrumenten aus. Das System fördert die Risikoteilung, fördert das Unternehmertum, spekulatives Verhalten und hebt die Unbedenklichkeit von Verträgen hervor. Moderne islamische Finanzen gibt es seit den 70er Jahren international. Derzeit ist Islamic Finance ein kleines, aber wachsendes Segment der globalen Finanzindustrie.

In den letzten Jahren hat sich SCF auf andere Teile der Welt ausgedehnt. Das islamische Finanzwesen wächst in Europa und Nordamerika, in Gebieten, in denen Muslime in der Minderheit sind. Im August 2004 genehmigte die Financial Services Authority (FSA) des Vereinigten Königreichs eine Banklizenz für die Islamic Bank of Britain (IBB), die erste islamische Bank des Landes. Der IBB würde den Verbrauchermarkt mit Scharia-konformen Produkten bedienen. Im März 2006 genehmigte die FSA die European Islamic Investment Bank als erste unabhängige Bank des Vereinigten Königreichs für Scharia-konforme Investitionen. 1999 stellte der Dow Jones seinen ersten islamischen Marktindex vor, der international auf Scharia-konforme Aktien folgt. Der Dow Jones führt in seiner islamischen Reihe mehr als 70 Indizes und wird von einem unabhängigen Aufsichtsratsmitglied der Scharia beraten.

2006 führten S & P Dow Jones Indices die S & P Shari'ah-Indizes ein. In Anbetracht des dringenden Bedarfs an Indizes, die ein echter Maßstab für die globalen Aktienmärkte und etablierte Standards sind, wendeten S & P Dow Jones Indices Shari'ah-Screens zunächst für drei Hauptindizes an - den S & P 500, den S & P Europe 350 und den S & P Japan 500. Die Ergebnisse sind die S & P 500 Shari'ah, die S & P Europe 350 Shari'ah und die S & P Japan 500 Shari'ah-Indizes. Im Jahr 2007 folgten S & P Dow Jones Indices mit der S & P GCC Shari'ah und den S & P Pan Asia Shari'ah Indices, um der Nachfrage nach einem Benchmark-Produkt von Shari'ah für diese Regionen gerecht zu werden. Derzeit verfügt S & P Dow Jones Indices über die umfassendste Serie von Shari'ah-Indizes der Branche. Dies wurde 2008 mit dem Abschluss der Überprüfung des S & P Global BMI Index erreicht, der weltweit aus über 10.000 Unternehmen besteht, um die Einhaltung der Scharia zu gewährleisten. Das Ergebnis ist der S & P Global BMI Shari'ah-Index, der aus fast 4.000 Bestandteilen zusammen mit 10 Sektor- und 45 Länder- und Regional-Subindizes besteht. Hierbei handelt es sich um Messgeräte für die wichtigsten Märkte, Sektoren und Regionen. Indem sie nicht Shari'ah-konforme Aktien aussortiert, werden sie zu idealen Anlageinstrumenten für aufmerksame Muslime (S & P Dow Jones Indices, März 2014, S. 3).

EIN. Scharia-Gesetz definiert

Das Scharia-Gesetz (oder das islamische) Gesetz soll alle Aspekte der Lebensweise eines Muslims regeln. Es ist weitgehend in zwei Sätze von Regeln unterteilt: eine bezieht sich auf die obligatorische Anbetung Gottes (Ibadah) und die andere bezieht sich auf das tägliche Leben außerhalb des obligatorischen Gottesdienstes (Muamalat), einschließlich kommerzieller und finanzieller Geschäfte. Die Scharia ist kein kodifiziertes Gesetz. Es besteht aus allgemeinen Regeln und Grundsätzen, die aus dem Quran (dem heiligen Buch der Muslime), den Praktiken (Sunnah) und den Sprüchen (Ahadith) des Propheten Mohammed (wie nachstehend ausführlicher erörtert) abgeleitet werden. Diese allgemeinen Grundsätze können interpretiert und weiterentwickelt werden, um neue Probleme oder Umstände zu berücksichtigen, die von Zeit zu Zeit auftreten. In der Tat wurde die Scharia durch eine umfangreiche islamische Rechtsprechung (fiqh) ergänzt, die über Jahrhunderte von verschiedenen Denkschulen (den Madhaa'hib) entwickelt wurde. Der entscheidende Punkt ist, dass alle Denkschulen sich auf die grundlegenden Prinzipien der Scharia, die im Koran, in der Sunnah und im Hadith verankert sind, einig sind, dass sie manchmal unterschiedliche Ansichten über ihre Interpretation und Anwendung vertreten.

B. Quellen des Scharia-Gesetzes

Shari'ah aw wird aus einer Reihe primärer und sekundärer Quellen abgeleitet (Allen & OveryLLP, 2009).

1 Koran

Der Koran ist eine Hauptquelle des Gesetzes und wird von den Muslimen als das Wort Gottes betrachtet, das dem Propheten Mohammed offenbart wurde. Beweise, die in anderen Quellen des Scharia-Gesetzes gefunden wurden, unterliegen dem Koran.

2 Sunnah

Sunnah bedeutet wörtlich "bekannter Pfad". Die Sunnah ist eine Hauptquelle des Gesetzes und umfasst traditionelle Berichte über das, was der Prophet Mohammed während seines Lebens gesagt oder getan hat

Welche haben rechtlichen Inhalt. Sunnah umfasst auch die Aussagen anderer, die stillschweigend vom Schweigen des Propheten gebilligt wurden.

3. Hadith

Eine weitere primäre Rechtsquelle ist die erzählerische Aufzeichnung von Aussagen und Handlungen des Propheten Mohammed, der als Hadith (Plural ahadith) bekannt ist. Inwieweit Sunna von Ahadith abgeleitet oder unterschieden wird, hängt vom Kontext und der betrachteten Denkweise ab.

4 Qiyas

Qiyas repräsentiert den Prozess des Denkens, durch den die Prinzipien des Qur'an und der Sunnah analog auf neue Fälle ausgeweitet werden.

5 Ijma

Ijma steht für den Konsens der islamischen Gemeinschaft (auf lokaler oder globaler akademischer Ebene) zu einem bestimmten Thema.

6 Ijtihad

Ijtihad ist die Interpretation und Meinung islamischer Juristen zu einem bestimmten Thema. Qiyas, Ijma und Ijtihad sind allesamt sekundäre Quellen des Scharia-Gesetzes.

C. Fragen zur Auslegung und Anwendung des Scharia-Gesetzes

Da das Scharia-Gesetz kein einheitliches kodifiziertes Gesetz ist und interpretiert werden kann, können sich die Meinungen der Scharia-Gelehrten in der gleichen Frage des Scharia-Gesetzes unterscheiden, je nachdem, zu welcher Denkweise bestimmte Gelehrte gehören. Darüber hinaus können sich die Ansichten der Gelehrten zu Fragen des Scharia-Gesetzes mit der Zeit ändern. Dies kann zu Unsicherheit und Inkonsistenz bei der Auslegung und Anwendung des Scharia-Gesetzes in der islamischen Welt führen. (Allen & OveryLLP, 2009; Ayub, 2009)

1 Wichtige Grundsätze und Verbote der Scharia für die Finanzierung

Es gibt eine Reihe wichtiger Grundsätze und Verbote der Scharia, die für Finanzen und kommerzielle Transaktionen relevant sind und die die islamische Finanzierung von den herkömmlichen Formen unterscheiden. Der Vollständigkeit halber sei erwähnt, dass es im Islam zwei Hauptzweige gibt: den Sunnismus und den Schiaismus. Die Mehrheit der

Muslime ist sunnitisch und das Folgende beschränkt sich auf die Erörterung der allgemeinen Prinzipien der Scharia, die sich auf die Finanzierung des Islam innerhalb der sunnitischen Rechtsprechung beziehen. Die wichtigsten Prinzipien der Scharia, die das islamische Finanzwesen untermauern und zur Schaffung einer separaten Finanzbranche geführt haben, lauten wie folgt: (Allen & OveryLLP, 2009)

ein) Verbot von Wucher und Interesse (riba)

Interessenverbot. Das Verbot von riba, ein Begriff, der wörtlich "einen Selbstbehalt" bedeutet und als "jede nicht zu rechtfertigende Kapitalerhöhung bei Krediten oder Verkäufen" interpretiert wird, ist der zentrale Grundsatz des Systems. Genauer gesagt gilt jeder positive, festgelegte, vorher festgelegte Zinssatz, der an die Laufzeit und den Kapitalbetrag gebunden ist (dh unabhängig von der Wertentwicklung der Anlage garantiert), als riba und ist verboten. Der allgemeine Konsens unter islamischen Gelehrten ist, dass Riba nicht nur Wucher abdeckt, sondern auch die Erhebung von "Interesse", wie es weit verbreitet ist. Dieses Verbot beruht auf Argumenten für soziale Gerechtigkeit, Gleichheit und Eigentumsrechte. Der Islam fördert die Erzielung von Gewinnen, verbietet jedoch die Erhebung von Zinsen, da ex post bestimmte Gewinne ein Symbol für erfolgreiches Unternehmertum und die Schaffung zusätzlichen Wohlstands sind, während Zinsen, die ex ante bestimmt werden, Kosten sind, die unabhängig vom Ergebnis der Geschäftstätigkeit anfallen und möglicherweise nicht Wohlstand schaffen, wenn es Geschäftsverluste gibt. Die soziale Gerechtigkeit verlangt, dass Kreditnehmer und Kreditgeber gleichermaßen

Belohnungen und Verluste teilen und dass der Prozess der Vermögensakkumulation und -verteilung in der Wirtschaft fair und repräsentativ für die tatsächliche Produktivität ist.

Unter der Scharia ist es nicht zulässig, Zinsen zu berechnen, zu zahlen oder zu erhalten. Die Scharia erkennt den Zeitwert des Geldes nicht an und es ist daher nicht zulässig, durch Verleihen Geld zu verdienen. Geld muss verwendet werden, um einen echten wirtschaftlichen Wert zu schaffen, und es ist nur zulässig, eine Rendite zu erzielen, wenn Geld in zulässige Geschäftstätigkeiten investiert wird, bei denen der Finanzierer oder Investor ein gewisses Geschäftsrisiko eingeht. Dieses Verbot ist die Hauptantriebskraft für die Entwicklung der modernen islamischen Finanzindustrie. Riba kann eine von zwei Formen annehmen: riba alanaseeyah und riba al-fadl (Dewar & Hussain, 2011, S. 274).

1- Riba al-naseeyah ist der Betrag des Überschusses, den ein Kreditgeber zusätzlich zu dem vergebenen Kapitalbetrag erhält. Diese Art von Riba ist vergleichbar mit dem traditionellen Konzept des Interesses an konventionellen Krediten

Aktivitäten.

2- Der zweite Typ, riba al-fadl, ist eine Überkompensation ohne Gegenleistung.

In der modernen Finanzwirtschaft könnte riba al-fadl für mehrere Warenaustauschverträge eingesetzt werden.

Die Idee ist, dass, wenn eine Entschädigung gezahlt wird, diese gerechtfertigt sein muss oder mit einer bestimmten Aktivität verrechnet werden sollte und dass die Rendite auch mit einem bestimmten Risiko verbunden sein sollte. Wenn also Parteien gleichwertige Waren tauschen und eine Partei der anderen Partei übermäßige Entschädigung zahlt, ist dies der Fall

Als riba betrachtet.

b) Verbot der Verwirklichung eines Gewinns aus Spekulation (Mayseer)

Ein Gewinn aus Spekulationen ist nicht zulässig. Glücksspiele sind daher unter der Scharia nicht gestattet. Verträge oder Vereinbarungen, die Spekulationen beinhalten, sind ebenfalls nicht zulässig. Unter der Scharia wird jedoch davon ausgegangen, dass in den meisten geschäftlichen Vereinbarungen Spekulationen enthalten sind. Im Gegensatz zum absoluten Zinsverbot ist es eine Frage des Spekulationsniveaus und der Absicht der Transaktion Profitieren Sie von einem produktiven Aufwand oder einer reinen Spekulation.

Die Unterscheidung zwischen verbotenen Spekulationen und legitimen kommerziellen Spekulationen ist in der Praxis nicht immer klar, und es gibt Beispiele, bei denen die Unterscheidung zwischen den beiden schwierig sein kann. Es wird beispielsweise allgemein akzeptiert, dass es zulässig ist, eine Kapitalbeteiligung an einem Unternehmen zu tätigen, die sich an einer Geschäftstätigkeit beteiligt, die gemäß der Scharia zulässig ist , um zukünftige Dividenden und Kapitalgewinne aus der Investition zu realisieren. Es gibt natürlich ein gewisses Maß an kommerziellen Spekulationen über die

Zukunftsaussichten des Unternehmens, wenn ein Investor eine Kapitalanlage tätigt, aber ob eine solche Spekulation zulässig ist oder nicht, würde von der Intention des Investors abhängen, dh die Absicht, schnell zu handeln Profitieren Sie von Spekulationen über die wahrscheinliche Bewegung des Aktienkurses über einen sehr kurzen Zeitraum (wie dies beim Day-Trading der Fall ist), oder wurde die Entscheidung auf der Grundlage einer sorgfältigen Bewertung der Ergebnisse der Vergangenheit und der Zukunftsaussichten des Unternehmens getroffen ? Am anderen Ende des Spektrums werden Aktienderivate wie indexgebundene Derivate im Allgemeinen unter Shari'ah als inakzeptabel angesehen, da sie Spekulationen über die Bewegung eines Aktienindex beinhalten (Allen & OveryLLP, 2009).

c) Keine Unsicherheit (gharar) bei Handelsgeschäften

Die Gewissheit der Bedingungen bei jeder Transaktion ist eine der wichtigsten Anforderungen der Scharia. Wie bei Spekulationen ist auch hier ein gewisses Maß an wirtschaftlicher Unsicherheit akzeptabel, aber es darf keine Ungewissheit über die wichtigsten Bedingungen der Transaktion geben. Beispielsweise sollte der Verkaufsvertrag in einer Transaktion zum Verkauf von Vermögenswerten eine klare Beschreibung der verkauften Vermögenswerte, des Verkaufspreises und des Zeitpunkts für die Lieferung der Vermögenswerte an den Käufer enthalten. Ebenso müssen in einem Leasingvertrag die geleasten Vermögenswerte, die Dauer des Leasingverhältnisses und die zu zahlende Miete klar angegeben werden. Dass konventionelle

Versicherungsverträge im Rahmen der Scharia nicht als zulässig angesehen werden, besteht unter anderem darin, dass es keine Gewissheit gibt, wann eine Forderung ausgezahlt wird, da nicht bekannt ist, ob und wann das Versicherungsereignis eintritt. Im Kontext der modernen islamischen Finanzen sind die wichtigsten Beispiele für Harar: (Allen & OveryLLP, 2009; Uusmani, 2002)

(ein) Beratung eines Kunden zum Kauf von Aktien eines bestimmten Unternehmens, das Gegenstand eines Übernahmeangebots ist, mit der Begründung, dass der Aktienkurs voraussichtlich steigen wird;

(b) Kauf eines Hauses, dessen Preis in der Zukunft festgelegt werden soll;

(c) Wenn der Gegenstand oder die Spezifikationen eines Vertrags unbekannt sind; und

(d) Zahlungsaufschub aus einem Vertrag, bei dem die Verschiebung für einen unbekannten Zeitraum erfolgt.

d) Alle Aktivitäten müssen für erlaubte Zwecke sein (halal)

Muslime dürfen sich an Aktivitäten, die unter der Scharia verboten sind, nicht beteiligen (oder daraus Nutzen ziehen). Es ist daher nicht zulässig, dass Muslime in Unternehmen investieren, die verbotene Tätigkeiten ausüben, wie z. B. Kasinos, Brauereien oder Fabriken, die Schweinefleischprodukte herstellen. Es ist auch nicht zulässig, dass islamische Banken solche Unternehmen finanzieren. Eine sehr strikte Auslegung dieser Regeln würde jedoch bedeuten, dass Muslime nur in einer sehr begrenzten Anzahl von Unternehmen international investieren können. Beispielsweise wäre es Muslimen nicht gestattet, in ein Hotel zu investieren, in dem Alkohol serviert wird, ein Lebensmittelunternehmen, das im Rahmen seiner Produktpalette auch Schweinefleischprodukte herstellt, oder in Unternehmen, die Geld zu Zinsen verleihen oder leihen.

Angesichts der praktischen Erwägungen des internationalen Handels und um muslimischen Anlegern die Möglichkeit zu geben, daran teilzunehmen, haben einige prominente Scharia-Gelehrte die Ansicht vertreten, dass Muslime in Unternehmen oder Unternehmen investieren dürfen, die nicht ausschließlich Shari sind 'ah konform, solange bestimmte Bedingungen erfüllt sind. Diese Bedingungen umfassen (unter anderem):

(ein) Die Hauptgeschäftstätigkeit muss unter der Scharia zulässig sein;

(b) Einnahmen aus verbotenen Tätigkeiten sollten nur einen geringen Prozentsatz des Gesamteinkommens des Unternehmens oder des Unternehmens ausmachen (dieser Prozentsatz liegt zwischen 5 und 20 Prozent. Das Gesamteinkommen hängt von der Art der verbotenen Tätigkeit und den beteiligten Scharia-Gelehrten ab);

(c) Der Gesamtbetrag der verzinslichen Schulden, die einem Unternehmen oder Unternehmen entstanden sind, darf einen bestimmten Prozentsatz von nicht übersteigen

seine Vermögenswerte oder seine Marktkapitalisierung (es gibt Unstimmigkeiten zwischen Scharia-Gelehrten hinsichtlich des akzeptablen Prozentsatzes und liegt je nach beteiligten Gelehrten zwischen 25 und 35 Prozent des Gesamtvermögens oder der Marktkapitalisierung); und

(d) Die Forderungen der Gesellschaft an das Unternehmen dürfen einen bestimmten Prozentsatz ihres Vermögens oder ihrer Marktkapitalisierung nicht überschreiten (normalerweise zwischen 25 und 33 Prozent).

e) Geld verdienen mit Geld ist nicht zulässig

Eine der falschen Annahmen, auf denen alle Zinstheorien basieren, ist, dass Geld eine Ware ist. Es wird daher argumentiert, dass ein Händler ebenso wie ein Händler seine Ware für einen höheren Preis als seine Kosten verkaufen kann, er auch sein Geld für einen höheren Preis als seinen Nennwert verkaufen kann oder genauso wie er sein Eigentum pachten kann und eine Gebühr in Rechnung stellen kann dagegen mieten, er kann auch sein Geld leihen und darauf Zinsen verlangen. Islamische Prinzipien unterschreiben diese Vermutung jedoch nicht. Geld und Ware haben unterschiedliche Eigenschaften und werden daher unterschiedlich behandelt.

Die grundlegenden Unterschiede zwischen Geld und Ware: -

(ein) Geld hat keinen eigentümlichen Nutzen. Es kann nicht zur unmittelbaren Erfüllung menschlicher Bedürfnisse verwendet werden. Sie kann nur zum Erwerb bestimmter Waren oder Dienstleistungen verwendet werden. Eine Ware hingegen hat einen eigenen Nutzen und kann direkt verwendet werden, ohne sie gegen irgend etwas anderes auszutauschen.

(b) Rohstoffe können von unterschiedlicher Qualität sein, während Geld keine Qualität hat, außer dass es ein Wertmaß oder ein Tauschmittel ist. Daher sind alle Geldeinheiten der gleichen Stückelung zu hundert Prozent gleichwertig. Eine alte und schmutzige Note von SR.100 hat den gleichen Wert wie eine neue Note von SR.100.

(c) Bei Waren werden Verkaufs- und Kaufgeschäfte mit einer bestimmten bestimmten Ware getätigt. Wenn A ein bestimmtes Fahrzeug gekauft hat und der Verkäufer damit einverstanden ist, hat er es verdient, dasselbe Fahrzeug zu erhalten. Der Verkäufer kann ihn nicht dazu zwingen, die Lieferung eines anderen Fahrzeugs zu übernehmen, obwohl es sich um den gleichen Typ oder die gleiche Qualität handelt. Im Gegenteil, Geld kann bei einer Tauschtransaktion nicht lokalisiert werden. Wenn A eine Ware von B gekauft hat, indem er ihm eine bestimmte Note von 100 SR.100 zeigt, kann er ihm noch eine weitere Note derselben Stückelung zahlen.

Aufgrund dieser grundlegenden Unterschiede hat die islamische Scharia Geld anders als Rohstoffe behandelt, insbesondere in zwei Punkten: Erstens wird Geld (mit derselben Bezeichnung) nicht wie andere Waren als Handelsgegenstand betrachtet. Seine Verwendung wurde auf den grundlegenden Zweck beschränkt, dh als Tauschmittel und Wertmaßstab zu fungieren. Zweitens muss, wenn aus außergewöhnlichen Gründen Geld gegen Geld eingetauscht werden muss oder es geliehen wird, die Zahlung auf beiden Seiten gleich sein, so dass es nicht zu dem Zweck verwendet wird, zu dem es nicht für den Geldhandel selbst bestimmt ist. Kurz gesagt, Geld wird als "potentielles" Kapital behandelt. Sie wird erst dann zum eigentlichen Kapital, wenn sie mit anderen Ressourcen zusammenarbeitet, um eine produktive Tätigkeit auszuüben. Der Islam erkennt den Zeitwert des Geldes an, aber nur, wenn es als Kapital fungiert, nicht wenn es "potentielles" Kapital ist.

2 Regulierung der islamischen Finanzen

Finanzinstitute, die Shari'ah-konforme Produkte anbieten möchten, verfügen in der Regel über einen Shari'ah-Aufsichtsrat (oder zumindest einen Scharia-Berater). Das Shari'ah-Board überprüft und genehmigt Finanzpraktiken und -aktivitäten hinsichtlich der Einhaltung islamischer Prinzipien. Diese Expertise erhöht die Attraktivität von Scharia-konformen Finanzintermediären für Anleger, die das Islamic Banking in Betracht ziehen. Internationale Institutionen wurden gegründet, um die internationale Kohärenz der islamischen Finanzen zu fördern. Die 1991 gegründete Buchhaltungs- und Prüfungsorganisation für islamische Finanzinstitute (AAOIFI) mit Sitz in Bahrain gibt internationale Standards für Rechnungslegung, Abschlussprüfung und Corporate Governance heraus. Es hat 200 Mitglieder aus 45 Ländern; Zu seinen Mitgliedern zählen Zentralbanken, islamische Finanzinstitute,und andere Einrichtungen der islamischen Bank- und Finanzindustrie. Eine weitere Aufsichtsbehörde ist das Islamic Financial Services Board (IFSB), das 2003 seinen Betrieb aufnahm und seinen Sitz in Malaysia hat. IFSB legt Standards für Aufsicht und Regulierung fest. Viele führende islamische Finanzzentren auf der ganzen Welt haben internationale SCF-

Regulierungsstandards verabschiedet. Die US-amerikanischen Bankenaufsichtsbehörden haben einige formelle Richtlinien zu islamischen Produkten gegeben. Das Büro des Rechnungsprüfers der Währung (OCC) hat zwei Richtlinien in Bezug auf Scharia-konforme Hypothekenprodukte erlassen. Im Jahr 1997 veröffentlichte das OCC Leitlinien zuViele führende islamische Finanzzentren auf der ganzen Welt haben internationale SCF-Regulierungsstandards verabschiedet. Die US-amerikanischen Bankenaufsichtsbehörden haben einige formelle Richtlinien zu islamischen Produkten gegeben. Das Büro des Rechnungsprüfers der Währung (OCC) hat zwei Richtlinien in Bezug auf Scharia-konforme Hypothekenprodukte erlassen. Im Jahr 1997 veröffentlichte das OCC Leitlinien zuViele führende islamische Finanzzentren auf der ganzen Welt haben internationale SCF-Regulierungsstandards verabschiedet. Die US-amerikanischen Bankenaufsichtsbehörden haben einige formelle Richtlinien zu islamischen Produkten gegeben. Das Büro des Rechnungsprüfers der Währung (OCC) hat zwei Richtlinien in Bezug auf Scharia-konforme Hypothekenprodukte erlassen. Im Jahr 1997 veröffentlichte das OCC Leitlinien zu Ijara ("Leasing"), eine Finanzstruktur, in der der Finanzintermediär einen Vermögenswert gegen eine Gebühr an einen Verbraucher kauft und anschließend an ihn mietet. Im Jahr 1999 hat das OCC Murabaha („Kostenplus“) anerkannt, wonach der Finanzintermediär einen Vermögenswert für einen Kunden kauft, wobei davon ausgegangen wird, dass der Kunde den Vermögenswert für eine höhere Gebühr zurückkaufen wird.

Die Standardisierung der islamischen Finanzvorschriften ist in der Branche von zunehmendem Interesse. Die Scharia ist offen für Interpretationen und islamische Gelehrte sind sich nicht einig darüber, was SCF ausmacht. Die islamischen Finanzgesetze und Regulierungspraktiken variieren von Land zu Land. Das Fehlen gleichzeitiger Ansichten macht es schwierig, die islamische Finanzierung zu standardisieren.

Die Standardisierung kann auch eine Herausforderung darstellen, da die Reife der islamischen Finanzmärkte von Land zu Land variiert, wobei einige Märkte etabliert sind und andere eher im Entstehen begriffen sind. Ohne Standardisierung äußern einige Vertreter der Industrie ihre Besorgnis darüber, dass das Risiko der Einhaltung der Scharia möglicherweise ansteigt. Die mangelnde Standardisierung auf den islamischen Finanzmärkten führt zu Rechtsunsicherheit, dass ein Vertrag nicht von allen islamischen Gelehrten nach islamischem Recht als gültig anerkannt wird. Diese Ungewissheit wurde kürzlich durch einen Streit zwischen der libanesischen Blom Bank und der islamischen Firma Investment Dar in Kuwait hervorgehoben, in der es darum geht, ob ein Vertrag zwischen den beiden Unternehmen islamischen Grundsätzen entsprach und ob Zahlungen geleistet werden sollten.Viele Beobachter halten die Standardisierung der SCF-Vorschriften für wichtig, um die Marktfähigkeit und Akzeptanz islamischer Produkte zu erhöhen. Im Laufe der Jahre gab es zahlreiche Initiativen zur Verbesserung der Regulierungspraxis. Beispielsweise hat das IFSB 2009 eine Leitlinie veröffentlicht Grundsätze zu Themen wie Governance und Eigenkapitalanforderungen für verschiedene Finanzprodukte. Das AAOIFI ist dabei, neue

Standards für Risikomanagement und Corporate Governance zu entwickeln.

1 Grundlegende islamische Finanzinstrumente

Islamische Märkte bieten verschiedene Instrumente, um Anbieter und Nutzer von Geldmitteln auf verschiedene Weise zu befriedigen: Vertrieb, Handelsfinanzierung und Investitionen. Zu den Basisinstrumenten gehören die Kosten-Plus-Finanzierung (Murabaha), die Gewinnbeteiligung (Mudaraba), das Leasing (Ijara), die Partnerschaft (Musharaka) und der Verkauf von Verkaufsräumen (Bay ' Salaam)), Werden Verkäufe mit aufgeschobener Zahlung (bay 'mu'ajjal) und Verträge mit aufgeschobener Lieferung (bay'salam) neben den Spotverkäufen für die Kreditverkäufe verwendet. Bei einem Zahlungsaufschub mit Zahlungsverzug erfolgt die Lieferung der Ware vor Ort, die Lieferung der Zahlung verzögert sich jedoch um einen vereinbarten Zeitraum. Die Zahlung kann pauschal oder in Raten erfolgen, sofern für die Verspätung kein Aufpreis berechnet wird. Ein Verkauf mit aufgeschobener Lieferung ähnelt einem Terminkontrakt, bei dem die Lieferung des Produkts zukünftig gegen Bezahlung am Spotmarkt erfolgt (Iqbal, 1997).

Diese Instrumente dienen als Grundbausteine für die Entwicklung einer breiten Palette komplexerer Finanzinstrumente, was auf ein großes Potenzial für Finanzinnovation und Expansion auf den islamischen Finanzmärkten schließen lässt.

Es gibt verschiedene Methoden der islamischen Finanzierung. In der Welt der kommerziellen Finanzierung und insbesondere der Projektfinanzierung kommen jedoch bestimmte Methoden häufiger vor als andere. Diese sind unten aufgeführt.

A. Handel mit Aufschlag oder Kostenplusverkauf (Murabaha). Eines der am häufigsten verwendeten Instrumente für die kurzfristige Finanzierung basiert auf dem traditionellen Begriff der Kauffinanzierung. Der Anleger verpflichtet sich, bestimmte Waren oder Waren zu liefern, wobei ein gegenseitig vereinbarter Vertrag zum Weiterverkauf an den Kunden und eine gegenseitig ausgehandelte Marge enthalten sind.

Rund 75 Prozent der islamischen Finanztransaktionen sind Umsatzerlöse.

Murabaha war ursprünglich ein Tauschgeschäft, bei dem ein Händler von einem Endbenutzer benötigte Gegenstände erwirbt. Der Händler verkauft diese Gegenstände dann an den Endverbraucher zu einem Preis, der unter Verwendung einer vereinbarten Gewinnspanne über den Kosten berechnet wird, die dem Händler entstanden sind.

Um mit den Grundsätzen der islamischen Finanzierung in Bezug auf Börsengeschäfte übereinzustimmen , muss jede Murabaha- Transaktion die folgenden Bedingungen erfüllen:

Murabaha-Transaktionen dürfen nur durchgeführt werden, wenn der Kunde einer Bank oder eines Finanzinstituts eine Ware erwerben möchte. Diese Art von Transaktion kann nicht durchgeführt werden, wenn der Kunde andere Mittel als den Erwerb einer Ware, wie Zahlung von Gehältern, Begleichung von Rechnungen oder sonstigen Verbindlichkeiten, erhalten möchte.

Für eine gültige Transaktion ist es erforderlich, dass die Ware tatsächlich von der Bank gekauft wird und in das Eigentum und den Besitz (physisch oder konstruktiv) der Bank gelangt, so dass sie das Risiko der Ware übernehmen kann, solange sie unterliegt sein Eigentum und Besitz.

Nach dem Erwerb des Eigentums und des Besitzes der Ware sollte diese durch einen gültigen Verkauf an den Kunden verkauft werden.

In einigen Quartalen wurden Murabaha- Transaktionen mit zinsbezogenen Darlehen gleichgesetzt . Es gibt jedoch viele wichtige Faktoren, die einen Murabaha- Vertrag von einem auf Riba basierenden Vertrag unterscheiden . Einige davon sind folgende:

Im Falle eines Zahlungsverzugs des Endnutzers kann der Finanzierer nur auf die finanzierten Posten zurückgreifen, und auf den ausstehenden Betrag kann kein weiterer Aufschlag oder eine Strafe erhoben werden. Dies bedeutet, dass sich der zu erstattende Betrag nicht mit der Zeit erhöht, wie dies bei Kreditzusagen herkömmlicher Banken der Fall ist. Bei der klassischen Finanzierung gewährt die Bank Kredite an ihre Kunden, ohne sich darüber Gedanken zu machen, wie das Geld verwendet wird.

Im Falle einer Murabaha- Transaktion wird dem Kunden kein Geld verliehen. Vielmehr kauft der Finanzierungspartner die Ware selbst, je nach Anforderung des Kunden. Dies stellt sicher, dass die Finanzierung immer auf Vermögenswerten basiert. Diese Art der Finanzierung schafft tatsächlich reale Vermögenswerte und Vorräte. Ein weiterer wesentlicher Unterschied zwischen einem Murabaha- Vertrag und einem zinsbezogenen Vertrag besteht darin, dass der Finanzier sich nicht um die Zwecke kümmern kann, für die der geleaste Vermögenswert verwendet werden soll. Konventionelle Banken haben keine Probleme bei der Kreditvergabe an Glücksspielhäuser oder Alkoholunternehmen oder sogar an pornografische Filmemacher. Die islamischen Finanzgrundsätze basieren auf einer etablierten Regel, die besagt, dass "der Nutzen einer Sache eine Rückerstattung der Verlusthaftung dieser Sache ist". Bei einer Murabaha-Transaktion übernimmt daher die Bank oder der Finanzier das Risiko, indem sie die Ware kaufen, bevor er sie zu einem Aufschlag verkauft. Dieser Aufschlag gilt als Belohnung für das von ihm eingegangene Risiko. Verzinsliche Darlehen gehen keinerlei Risiken ein. Mit anderen Worten, da die Bank das Eigentum an den Waren übernimmt und daher Kauf und Verkauf tätigt, stammt ihr Gewinn aus einer echten Dienstleistung, die ein gewisses Risiko birgt. Dieser Aspekt verleiht der Transaktion die Rechtmäßigkeit.

Die meisten Gelehrten haben entschieden, dass der Finanzierer den Käufer dazu verleiten kann, zum Zeitpunkt des Vertrags eine vorab festgelegte Spende an eine vereinbarte Wohltätigkeitsorganisation zu leisten, um eine solche Abschreckung zu verhindern, dass die Zahlungen vorsätzlich verzögert werden Zahlung monatlicher Raten.

Diese Gelehrten weisen jedoch darauf hin, dass dieses Gerät so wenig wie möglich verwendet werden sollte und nur in

Fällen, in denen Musharaka oder Mudaraba aus irgendeinem Grund nicht praktikabel sind.

B. Gewinnbeteiligungsvereinbarung (Mudaraba). Dies ist identisch mit einem Investmentfonds, in dem Manager einen Pool von Fonds verwalten. Der Agent-Manager hat eine relativ begrenzte Haftung, während er ausreichende Leistungsanreize hat. Das Kapital wird in breit angelegte Aktivitäten investiert und die Bedingungen für Gewinn und Risikoteilung werden für jede Investition angepasst. Die Fälligkeitsstruktur reicht von kurz- bis mittelfristig und ist eher für Handelsaktivitäten geeignet.

Mudaraba impliziert einen Vertrag zwischen zwei Parteien, in dem eine Partei, der rabb al-mal (wirtschaftlicher Eigentümer oder der schlafende Partner), der anderen Partei, die als Mudarib (Verwaltertreuer oder Arbeitspartner) bezeichnet wird, Geld anvertraut . Die Mudarib soll sie in vereinbarter Form verwenden und dann den Auftraggeber und den vorab vereinbarten Gewinnanteil dem Rabb al-Mal zurückgeben. Was von solchen Gewinnen übrig bleibt, behält er für sich.

Die folgenden Regeln müssen für alle Mudaraba-Transaktionen gelten. (AHMAD, A., & KHAN, MTA1998)

- Die Aufteilung der Gewinne zwischen den beiden Parteien muss notwendigerweise proportional sein und kann keine Pauschalzahlung oder garantierte Rendite sein.

- Der Anleger haftet nicht für Verluste, die über das von ihm eingebrachte Kapital hinausgehen. Die Mudarib ist nicht an den Verlusten beteiligt, es sei denn, sie verlieren Zeit und Mühe.

- Kurz gesagt, eine islamische Bank verleiht einem Kunden Geld, um beispielsweise eine Fabrik zu finanzieren. Dafür erhält die Bank für einen festgelegten Zeitraum jedes Jahr einen bestimmten Prozentsatz des Nettogewinns der Fabrik. Dieser Gewinnanteil sorgt für die Rückzahlung des Kapitals und einen Gewinn, den die Bank an ihre Einleger weitergeben kann. Sollte die Fabrik Geld verlieren, übernehmen die Bank, ihre Einleger und der Kreditnehmer alle Verluste gemeinsam und setzen so den islamischen Grundsatz um, dass die Kapitalgeber und -nutzer Risiken und Chancen teilen.

Islamische Banken finanzieren mit diesem Instrument diejenigen, die nach Investitionen suchen, um ihre eigenen Unternehmen oder professionellen Einheiten zu führen, unabhängig davon, ob es sich um Ärzte, Ingenieure, Händler oder Handwerker handelt. Die Bank stellt die angemessene Finanzierung als Kapitalbesitzer gegen eine Beteiligung am zu vereinbarenden Gewinn bereit.

Es ist erwähnenswert, dass dieser Modus ein hohes Risiko für die Bank darstellt, da die Bank dem Mudarib, der die Arbeit und dem Management übernimmt,' Kapital zuführt. Der Mudarib ist nur bei Nachlässigkeit und Missbrauch ein Garant. Islamische Banken treffen in der Regel die notwendigen Vorkehrungen, um das Risiko zu verringern und eine bessere Ausführung für die Mudaraba zu gewährleisten und dieses Ziel ernsthaft zu verfolgen.

Es kann jedoch darauf hingewiesen werden, dass die Haftung des Finanzierers unter Mudaraba auf den Umfang seiner Einlage in das Kapital beschränkt ist und nicht mehr.

C. Kapitalbeteiligung (Musharaka). Dies ist analog zu einem klassischen Joint Venture. Sowohl der Unternehmer als auch der Investor tragen zum Kapital bei (Vermögen, technisches und Managementwissen, Umlaufvermögen,

usw.) der Operation in unterschiedlichem Maße und vereinbaren, die Rendite (sowie die Risiken) in zuvor vereinbarten Anteilen zu teilen. Traditionell wurde diese Form der Transaktion zur Finanzierung von Anlagevermögen und mittelfristigem und langfristigem Betriebskapital verwendet.

Musharaka ist eine normalerweise zeitlich begrenzte Partnerschaft, die zur Durchführung eines bestimmten Projekts gegründet wurde.

Es ist daher einem Joint Venture im westlichen Stil ähnlich und wird von einigen als die reinste Form eines islamischen Finanzinstruments angesehen, da es den zugrunde liegenden partnerschaftlichen Prinzipien der Teilung und des Nutzens von Risiken entspricht. Die Teilnahme an einem Musharaka kann entweder an einem neuen Projekt erfolgen oder durch die Bereitstellung zusätzlicher Mittel für ein vorhandenes. Die Gewinne werden auf vorbestimmte Basis aufgeteilt und die Verluste im Verhältnis zur Kapitaleinlage aufgeteilt. In diesem Fall geht die Bank eine Partnerschaft mit einem Kunden ein, bei der sich sowohl das Eigenkapital als auch das Management eines Projekts oder Geschäfts und das Ergebnis je nach ihrer Beteiligung am Gewinn oder Verlust beteiligt. Es gibt zwei Grundtypen von Musharaka : (Usmani & Zubairi, 2002) ich. Sharikah al milk: Partnerschaft, die auf Miteigentum basiert. Dies kann freiwillig sein, z. B. beim Kauf eines Schiffes oder unfreiwillig

zB als Folge von Vererbung.

ii. Sharikah al uqud: Partnerschaft basiert auf einer vertraglichen Beziehung.

Es gibt fünf Unterteilungen:

1 Sharikat al Mufawadah (Vollmacht und Verpflichtung): Eine Kommanditgesellschaft mit gleichen Kapitaleinlagen, Verantwortung, Vollmacht für andere Personen und Haftung für Verbindlichkeiten, die im normalen Geschäftsverlauf entstehen.

2 Sharikat al Inan (beschränkte Befugnis und Verpflichtung): Eine Kommanditgesellschaft mit ungleichen Kapitaleinlagen. Sie teilen nicht die gleiche Verantwortung, und dies spiegelt ihren Anteil am Gewinn wider.

3. Sharikat al Wujuh (Geschäfts- oder Firmenwert / Kreditwürdigkeit): Unternehmen, die auf dem Ruf einer oder beider Parteien beruhen, in der Regel kleiner Unternehmen.

4 Sharikat al Abdan (Arbeit , Geschick und Management): ein Unternehmen mit Sitz auf dem Beitrag der menschlichen Bemühungen, keine Kapitaleinlagen, wieder, in der Regel kleine Unternehmen.

5 Sharikat al Mudaraba: ein Mudaraba

D. Leasing (Ijara). Ein weiteres beliebtes Instrument, das etwa 10 Prozent der islamischen Finanztransaktionen ausmacht, ist das Leasing. Leasing ist entworfen zum Finanzierung Fahrzeuge, Maschinen, Ausrüstungen und Flugzeuge.

Verschiedene Leasingformen sind zulässig, einschließlich Leasingverträge, bei denen a

Ein Teil der Ratenzahlung fließt in den endgültigen Kauf ein (mit der Übertragung des Eigentums an den Leasingnehmer).

Ijara kann als ein Prozess definiert werden, bei dem "der Nießbrauch einer bestimmten Immobilie gegen eine von ihm beanspruchte Miete an eine andere Person übertragen wird". In vielerlei Hinsicht ähnelt Ijara Leasing, wie es in der heutigen Geschäftswelt praktiziert wird. Das Unterscheidungsmerkmal dieses Modus besteht darin, dass die Vermögenswerte immer dann Eigentum der islamischen Bank sind, um sie zu mieten, wenn die Mietdauer endet, um nicht für längere Zeit ungenutzt zu bleiben. Unter Ijara geht die Bank oder die Leasinggesellschaft das Risiko einer Rezession oder einer nachlassenden Nachfrage nach diesen Vermögenswerten ein.

Um mit den Grundsätzen der islamischen Finanzierung in Bezug auf Finanztransaktionen übereinzustimmen , muss jede Ijara- Transaktion die folgenden Bedingungen erfüllen. (Ghuddah, 1998; Usmani & Zubairi, 2002)

- Voraussetzung ist, dass das geleaste Objekt nicht verderblich oder verbrauchbar sein darf.

- Der Mietvertrag bezieht sich nicht auf den Verbrauch des Vermögenswertes.

- Voraussetzung ist, dass der Vertragsgegenstand tatsächlich und rechtlich erreichbar ist. Es ist nicht zulässig, etwas zu leasen, das nicht geliefert werden kann.

- Der Mieter muss sicherstellen, dass der Vermögenswert zu dem Zweck verwendet wird, für den er hergestellt wurde. Der Mieter hat die Vertragsbedingungen einzuhalten. Der Leasingnehmer profitiert auch nicht mehr von dem Vermögenswert als vereinbart.

- Es ist nicht gestattet, Immobilien zu vermieten, um sie als zinsbasierte Bank oder als Bar zu nutzen. Allerdings ist es zulässig , jene Eigenschaft , deren Haupttätigkeiten sind zulässig oder halal sogar leasen , wenn sie einige sekundäre verbotenen Praktiken umfassen.

- Der Leasinggeber muss den Vermögenswert nicht nur pünktlich zum Zeitpunkt des Mietbeginns liefern, sondern auch sicherstellen, dass der Leasinggeber auch das Zubehör liefert, das für den Leasingnehmer unerlässlich ist, um den Vermögenswert gemäß den Normen zu nutzen.

- Der Mietvertrag muss die Mietdauer eindeutig angeben. Verlängerungsbedingungen müssen ebenfalls klar angegeben werden, und Dinge wie die Anmietungen für alle folgenden Jahre nach dem ersten Jahr sollten keine Klauseln wie „dem alleinigen Ermessen des Leasinggebers überlassen" und dergleichen enthalten.

- Die Miete muss Geld sein. Die Leasingmiete wird ab Erhalt des Vermögenswertes beim Leasingnehmer fällig, nicht am Tag des Vertragsabschlusses.

- Die Höhe und der Zeitpunkt der Leasingzahlungen sollten im Voraus vereinbart werden. Der vereinbarte Zeitplan und die Höhe dieser Zahlungen müssen jedoch nicht einheitlich sein.

- Es ist zulässig, dass sich beide Parteien während der Mietzeit auf eine Überprüfung der Mietzeit oder der Vermietung oder auf beides einigen. Dies liegt daran, dass der Mietvertrag im Gegensatz zu dem Kaufvertrag, bei dem der Eigentumsübergang sofort stattfindet, periodisch erfolgt.

- Der Leasinggeber trägt die Verbindlichkeiten beim Leasing des Vermögenswertes wie Schäden am Vermögenswert, Zahlung der Prämienkosten und Grundwartung.

- Es kann nicht beanstandet werden, den Mieter zu ermächtigen, alle oben genannten Punkte zu übernehmen. Die Kosten hierfür sind jedoch vom Vermieter / Eigentümer zu tragen.

- Der Leasinggeber / Eigentümer trägt alle Kosten der rechtsverbindlichen Grundwartung. Dies sind Vorgänge, von denen die Dauerhaftigkeit und Eignung des Mietobjekts abhängt.

Der Vermieter trägt auch die Kosten für den Ersatz von langlebigen Teilen. Es ist jedoch zulässig , dass der Mieter die Kosten der gewöhnlichen Routinewartung trägt, da diese normalerweise bekannt sind und als Teil der Vermietung betrachtet werden können.

- Die Nutzungsbedingungen der Mietgegenstände müssen angegeben werden. Der Leasinggeber muss vor dem Leasing das uneingeschränkte und rechtmäßige Eigentum des Vermögenswertes besitzen.

- Für den Verkauf des Vermögenswerts bei Ablauf des Leasingverhältnisses kann kein Preis vorab festgelegt werden. Leasinggeber und Leasingnehmer können der Fortsetzung des Leasingverhältnisses oder des Verkaufs des Leasinggegenstandes an den Leasingnehmer im Rahmen eines neuen Vertrags am Ende der ursprünglichen Leasingdauer zustimmen.

- Bei verspäteter Zahlung des Mietpreises kann die Ijara sofort gekündigt werden.

- Der Leasinggeber kann den Ersatz des Schadens verlangen, der durch die Fahrlässigkeit des Leasingnehmers am Leasingobjekt entstanden ist.

Wörtlich bedeutet Ijara , etwas zu mieten. Als Begriff des islamischen Fiqh kann Ijara sich auch auf die Löhne beziehen, die eine Person als Gegenleistung für die von ihr erbrachten Dienstleistungen gezahlt hat. In der obigen Diskussion wird der Begriff Ijara verwendet, um die Nutzniesser von Vermögenswerten und Immobilien zu repräsentieren, und nicht für die Dienste von Menschen.

E. Salam ist eine der Grundvoraussetzungen für die Gültigkeit des Verkaufs in der Scharia, dass sich die zu verkaufende Ware im physischen oder konstruktiven Besitz des Verkäufers befinden muss. Diese Bedingung hat drei Auswirkungen:

Erstens muss die Ware vorhanden sein; Eine Ware, die zum Zeitpunkt des Verkaufs nicht existiert, kann nicht verkauft werden.

Zweitens sollte der Verkäufer das Eigentum an dieser Ware erworben haben. Wenn die Ware existiert, der Verkäufer sie aber nicht besitzt, kann er sie nicht verkaufen.

Drittens reicht reines Eigentum nicht aus. Sie hätte entweder physisch oder konstruktiv in den Besitz des Verkäufers gelangen sollen. Wenn der Verkäufer eine Ware besitzt, die Lieferung jedoch nicht selbst oder durch einen Vertreter erworben hat, kann er sie nicht verkaufen.

Es gibt nur zwei Ausnahmen von diesem allgemeinen Prinzip in der Scharia

. Einer ist Salam und der andere ist Istisna. Beides sind Verkäufe besonderer Art.

Salam, oder Bay-Salaam, wie es auch genannt wird, ist ein Verkauf, bei dem der Verkäufer sich verpflichtet, dem Käufer zu einem späteren Zeitpunkt bestimmte Waren zu liefern, und zwar gegen einen Vor-Ort-Preis, der vollständig vor Ort gezahlt wird.

Hier wird der Preis in bar bezahlt, die Lieferung der gekauften Ware wird jedoch aufgeschoben. Der Käufer heißt "Rabb-us-

Salam", der Verkäufer ist "Muslam ilaih", der Barpreis ist "ra's-ul-mal" und die gekaufte Ware wird als "muslam fih" bezeichnet.

Die Scharia erlaubt Salam unter bestimmten Bedingungen. Der Hauptzweck dieses Verkaufs war es, die Bedürfnisse der Kleinbauern zu befriedigen, die Geld brauchten, um ihre Ernte anzubauen und ihre Familie bis zur Ernte zu ernähren. Nach dem Verbot von Riba konnten sie keine Wucherdarlehen aufnehmen. Daher war es ihnen erlaubt, die landwirtschaftlichen Erzeugnisse vorab zu verkaufen.

In ähnlicher Weise haben die Händler in Arabien Waren in andere Länder ausgeführt und andere Waren in ihre Heimat importiert. Sie brauchten Geld, um diese Art von Geschäft zu betreiben. Sie konnten sich nach dem Riba-Verbot nicht von den Wuchererinnen leihen. Daher war es ihnen erlaubt, die Waren im Voraus zu verkaufen. Nachdem sie ihren Barpreis erhalten haben, könnten sie das vorgenannte Geschäft leicht ausführen. Salam war für den Verkäufer von Vorteil, weil er den Preis im Voraus erhalten hatte, und es war auch für den Käufer von Vorteil, da der Preis in Salam normalerweise niedriger war als der Preis bei den Spotverkäufen.

Die Zulässigkeit von Salam war eine Ausnahme von der allgemeinen Regel, die den Verkauf von Terminkäufen untersagt. Daher wurde es einigen strengen Bedingungen unterworfen.

Bedingungen von Salam : (Muhammada & Chonga, 2007; Usmani & Zubairi, 2002, S. 127-128)

Für die Gültigkeit von Salam ist es erforderlich, dass der Käufer den Preis zum Zeitpunkt des Verkaufs vollständig an den Verkäufer bezahlt. Dies ist notwendig, da der Käufer bei vollständiger Bezahlung durch den Käufer einem Verkauf von Schulden gegen Schulden gleichkommt, was ausdrücklich verboten ist. Darüber hinaus besteht die grundlegende Weisheit hinter der Zulässigkeit von Salam darin, die gegenwärtigen Bedürfnisse des Verkäufers zu erfüllen. Wenn der Preis nicht vollständig an ihn gezahlt wird, wird der Hauptzweck der Transaktion abgelehnt.

Salam kann nur in solchen Gütern betroffen sein, deren Qualität und Quantität genau angegeben werden können. Die Gegenstände, deren Qualität oder Menge nicht durch die Spezifikation bestimmt wird, können nicht durch den Vertrag von Salam verkauft werden. Zum Beispiel können die Edelsteine nicht auf der Basis von Salam verkauft werden, da sich jedes Edelsteinstück normalerweise entweder in seiner Qualität oder in seiner Größe oder seinem Gewicht unterscheidet und deren genaue Angabe im Allgemeinen nicht möglich ist.

Salam lässt sich nicht betroffen auf einer bestimmten Ware oder auf ein Produkt aus einem bestimmten Gebiet oder auf dem Bauernhof.

Wenn sich der Verkäufer beispielsweise verpflichtet, Weizen eines bestimmten Feldes oder die Frucht eines bestimmten Baumes zu liefern, ist der Salam nicht gültig, da die Möglichkeit besteht, dass die Produktion dieses bestimmten Feldes oder die Frucht dieses Baumes zuvor zerstört wird die Lieferung und bei Vorliegen dieser Möglichkeit bleibt die Lieferung unsicher.

Die gleiche Regel gilt für jede Ware, deren Lieferung nicht sicher ist. Es ist erforderlich, dass die Qualität der Ware (die über Salam gekauft werden soll) vollständig festgelegt wird, wobei keine Zweideutigkeiten bestehen, die zu Streitigkeiten führen können. Alle diesbezüglichen Details müssen ausdrücklich erwähnt werden.

Es ist auch notwendig, dass die Menge der Ware in eindeutiger Form vereinbart wird. Wenn die Ware in Gewichten nach der Verwendung ihrer Händler quantifiziert wird, muss ihr Gewicht bestimmt werden. Wenn sie durch Maßnahmen quantifiziert wird, sollte das genaue Maß bekannt sein. Was normalerweise gewogen wird, kann nicht in Maßen angegeben werden und umgekehrt.

Der genaue Liefertermin muss im Vertrag angegeben werden. Salam lässt sich nicht betroffen in Bezug auf diese Dinge , die an Ort und Stelle geliefert werden müssen. Wenn zum Beispiel Gold gegen Silber eingekauft wird, ist es laut Scharia notwendig , dass beide gleichzeitig geliefert werden. Hier kann Salam nicht arbeiten. Wenn Weizen gegen Gerste getauscht wird, ist die gleichzeitige Lieferung von beiden für die Gültigkeit des Verkaufs notwendig. Daher ist der Vertrag von Salam in diesem Fall nicht zulässig.

Es ist zulässig, einen Salam-Kaufvertrag auf eine Einheit zu ziehen, jedoch zu verschiedenen Zeitpunkten in bestimmten Teilen zu besitzen.

Der Verkauf von Salam ist für bestehende Waren nicht zulässig, da Schäden und Verschlechterungen vor der

Lieferung am Fälligkeitstag nicht sichergestellt werden können. Die Lieferung kann unmöglich werden.

Salam ist für eine Ware eines bestimmten Ortes zulässig, wenn sichergestellt ist, dass es fast immer dort verfügbar ist und selten verfügbar ist.

Der Lieferort muss im Vertrag angegeben sein, wenn die Ware Lade- oder Transportkosten benötigt . Es ist zulässig, eine Hypothek und einen Garantiegeber für die Schulden von Salam zu übernehmen, um sicherzustellen, dass der Verkäufer seine Verpflichtung durch Lieferung der verkauften Ware erfüllt, was eine Fälligkeit darstellt.

Es ist dem Käufer einer Salam-Ware nicht gestattet, sie vor dem Erhalt zu verkaufen, da dies dem verbotenen Verkauf von Schulden vor dem Halten ähnelt. Es ist bekannt, dass die Salam-Ware eine Schuld des Verkäufers ist und keine bestehende Ware. Stattdessen ist es dem Käufer gestattet, einen parallelen Salam-Vertrag zu zeichnen, ohne ihn an den ersten Salam-Vertrag anzuschließen. Der Verkauf von Salam eignet sich für die Finanzierung von landwirtschaftlichen Betrieben, bei denen die Bank mit Landwirten Geschäfte abwickeln kann, von denen erwartet wird, dass die Ware während der Ernte reichlich vorhanden ist, entweder von ihren eigenen Ernten oder von Ernten anderer, die sie kaufen und liefern können, falls ihre Ernten versagen . Auf diese Weise leistet die Bank den Landwirten große Dienste, um ihre Produktionsziele zu erreichen.

Der Verkauf von Salam wird auch verwendet, um kommerzielle und industrielle Aktivitäten zu finanzieren, insbesondere in den Phasen vor der Produktion und dem Export von Rohstoffen. Dazu werden sie auf Salam gekauft und zu lukrativen Preisen vermarktet.

Der Salam-Verkauf wird von Banken bei der Finanzierung von Handwerkern und kleinen Produzenten angewandt, indem sie Produktionsmittel als Salam-Kapital als Gegenleistung für einige ihrer Rohstoffe in Remarket liefern.

Der Umfang des Salam-Verkaufs ist groß genug, um die Bedürfnisse verschiedener Menschen, wie Landwirte, Industrielle, Bauunternehmer oder Händler, abzudecken. Es kann die Finanzierung von Betriebskosten und Investitionsgütern abdecken.

F. Istisna ist die zweite Art von Verkauf, bei der eine Ware getätigt wird, bevor sie entsteht.

Es bedeutet, einem Hersteller den Auftrag zu erteilen, eine bestimmte Ware für den Käufer herzustellen. Wenn der Hersteller sich verpflichtet, die Ware für ihn herzustellen, kommt die Transaktion von Istisna zustande

Existenz. Für die Gültigkeit von Istisna ist es jedoch erforderlich, dass der Preis mit Zustimmung der Parteien festgelegt wird und dass die erforderliche Spezifikation der Ware (die hergestellt werden soll) zwischen ihnen vollständig festgelegt ist.

Der Vertrag von Istisna begründet eine moralische Verpflichtung des Herstellers zur Herstellung der Ware. Bevor er jedoch mit der Arbeit beginnt, kann eine der Parteien den Vertrag nach Benachrichtigung der anderen Partei kündigen.

Nachdem der Hersteller jedoch mit der Arbeit begonnen hat, kann der Vertrag nicht einseitig gekündigt werden.

Der Besteller hat jedoch ein Widerrufsrecht, wenn die Ware nicht den geforderten Spezifikationen entspricht.

Istisna als Finanzierungsart: Kann für die Bereitstellung von Finanzierungsmöglichkeiten bei bestimmten Transaktionen verwendet werden, insbesondere im Bereich der Hausfinanzierung.

Wenn der Kunde sein eigenes Land hat und eine Finanzierung für den Bau eines Hauses anstrebt , kann sich der Finanzier verpflichten, das Haus auf diesem offenen Land auf der Grundlage von Istisna zu errichten, und wenn der Kunde kein Land hat und das Land erwerben möchte Außerdem kann sich der Finanzier verpflichten, ihm auf dem festgelegten Grundstück ein gebautes Haus zur Verfügung zu stellen .

Da es in Istisna nicht erforderlich ist, dass der Preis im Voraus gezahlt wird, ist es auch nicht erforderlich, dass er zum Zeitpunkt der Lieferung gezahlt wird, vielmehr kann er nach Vereinbarung der Parteien daher jederzeit verschoben werden Der Zeitpunkt der Zahlung kann beliebig festgelegt werden. Die Zahlung kann auch in Raten erfolgen.

Andererseits muss der Finanzier das Haus nicht selbst bauen. Er kann einen Parallelvertrag von Istisna mit einem Dritten abschließen oder die Dienste eines Auftragnehmers (außer dem Auftraggeber) in Anspruch nehmen. In beiden Fällen kann er seine Kosten berechnen und den Preis von Istisna mit seinem Kunden so festlegen, dass er einen angemessenen Gewinn gegenüber seinen Kosten erzielt. Die Zahlung der

Raten durch den Kunden kann in diesem Fall bereits am Tag der Unterzeichnung des Vertrags von Istisna durch die Parteien beginnen und kann während des Baus des Hauses und nach dessen Übergabe an den Kunden fortgesetzt werden. Um die Zahlung der Raten zu sichern, kann die Bank als Sicherheit die Eigentumsurkunden des Hauses oder des Grundstücks oder eines anderen Eigentums aufbewahren, bis der Kunde die letzte Rate gezahlt hat. Die Bank in diesem Fallist für den Bau des Hauses in voller Übereinstimmung mit den in der Vereinbarung angegebenen Spezifikationen verantwortlich. Im Falle von Unstimmigkeiten nimmt der Finanzier auf seine Kosten die Änderungen vor, die erforderlich sind, um ihn mit den Vertragsbedingungen in Einklang zu bringen.

Das Instrument von Istisna kann auch für die Projektfinanzierung auf ähnlichen Linien verwendet werden. Wenn ein Kunde in seinem Werk Maschinen installieren möchte und die Maschinen hergestellt werden müssen, kann sich der Finanzier verpflichten, die Maschinen durch den Vertrag von Istisna nach dem oben genannten Verfahren vorzubereiten. Die gleichen Prinzipien gelten auch für den Bau eines Gebäudes für die Industrie.

Istisna-Verträge eröffnen den islamischen Banken ein weites Anwendungsfeld zur Finanzierung der öffentlichen Bedürfnisse und der lebenswichtigen Interessen der Gesellschaft zur Entwicklung der islamischen Wirtschaft. Istisna-Verträge werden in Hochtechnologiebranchen wie der Luftfahrtindustrie, im Lokomotiv- und Schiffbau sowie in verschiedenen Maschinen in großen Fabriken oder Werkstätten angewendet. Der Istisna-Vertrag wird auch in der

Bauindustrie für Wohngebäude, Krankenhäuser, Schulen und Universitäten angewendet.

Unterschied zwischen Istisna und Salam: (Usmani & Zubairi, 2002, S. 131-132)

1 Das Thema Istisna ist immer eine Sache, die fertigungsbedürftig ist, während Salam von allem betroffen sein kann, egal ob es fertigungsbedürftig ist oder nicht.

2 Für Salam ist es notwendig, dass der Preis im Voraus bezahlt wird, während dies in Istisna nicht erforderlich ist.

3. Der abgeschlossene Vertrag von Salam kann nicht einseitig gekündigt werden, während der Vertrag von Istisna vor Beginn der Arbeiten des Herstellers gekündigt werden kann.

4 Der Zeitpunkt der Lieferung ist ein wesentlicher Bestandteil des Verkaufs in Salam, während es in Istisna nicht erforderlich ist, den Zeitpunkt der Lieferung festzulegen.

5 Der Käufer kann im Istisna-Vertrag festlegen, dass die Ware von einem bestimmten Hersteller oder aus bestimmten Materialien hergestellt oder hergestellt werden soll. Dies ist beim Verkauf von Salam nicht zulässig.

Unterschied zwischen Istisna und Ijara: (Usmani & Zubairi, 2002, S. 132-133)

Zu beachten ist auch, dass der Hersteller in Istisna verpflichtet ist, die benötigten Waren mit seinem eigenen Material herzustellen. Daher bedeutet diese Transaktion, dass der Hersteller das Material beschafft, wenn es nicht bereits bei ihm ist, und die damit verbundene Arbeit für die Herstellung der bestellten Waren übernimmt.

Wenn der Kunde jedoch das Material zur Verfügung stellt und der Hersteller nur seine Arbeitskraft und sein Können einsetzen muss, ist die Transaktion nicht Istisna. In diesem Fall handelt es sich um eine Transaktion von Ijara, bei der die Dienstleistungen einer Person gegen eine bestimmte, an sie gezahlte Gebühr einbehalten werden.

D. Islamische Anleihen (Sukuk):

Muslimische Juristen setzen den Kauf und Verkauf von Schuldverpflichtungen bestimmten Bedingungen aus, um das Verbot von Riba (Zinsen), Gharar (Unsicherheit) und Maysir (Glücksspiel) einzuhalten. spezifizieren Sie diese Bedingungen im Detail. Zusammenfassend muss festgehalten werden, dass es sich bei der Schuld tatsächlich um eine echte Schuld handelt, dh, es darf keine Unterschlagung sein, um Geld zu leihen, wie beispielsweise eine Asset-Linked-Buy-Back-Vereinbarung. Der Schuldner muss den Handel anerkennen und die Gläubiger müssen bekannt, zugänglich und solide sein. Der Handel muss auf Spotbasis und nicht gegen Schulden erfolgen. Wichtig ist, dass der Preis nicht anders sein kann als der Nennwert. In Übereinstimmung mit diesen Grundsätzen verbot die frühzeitige Doktrin über zinslose Finanzierungen Unternehmens- oder Staatsanleihen und die Diskontierung von Rechnungen. Der Innovationsdruck hat dazu geführt, einen Ausweg aus diesen Einschränkungen zu finden und

"Financial Engineering" zuzulassen. Im Speziellen,Leasing-basierte Anleihen (Sukuk al- Ijara) wurden entwickelt. Obwohl andere Sukuk ausgegeben wurden, z. B. Sukuk Al- Mudaraba , Sukuk Al- Musharaka , Sukuk Al- Murabaha , bleibt der Ijara Sukuk der beliebteste.

Sukuk bedeutet Partizipationszertifikat und wird allgemein als "islamische Bindung" bezeichnet. Es werden ähnliche Techniken wie bei herkömmlichen strukturierten Finanztiteln eingesetzt, wobei Sukuk den Durchlaufzertifikaten ähnelt. Ein sakk steht lediglich für einen anteiligen oder ungeteilten Eigentumsanteil an einem Vermögenswert oder einem Pool von Vermögenswerten. Islamische Anleihen sind nützlicher, wenn sie gehandelt werden können

auf dem Sekundärmarkt, um Liquidität zu gewinnen. Wie oben erwähnt, müssen bestimmte Anforderungen hinsichtlich der Handelskapazität der Anleihen auf dem islamischen Finanzmarkt erfüllt werden. Insbesondere können sie keine Schuld darstellen (im Islam ist der Verkauf von Schulden verboten), wie dies bei herkömmlichen Anleihen der Fall ist. Sie müssen stattdessen Eigentum eines genehmigten Vermögenswerts sein. Eine solche Anleihe wird durch die Verbriefung des Vermögenswertes erhalten, dessen Vermögen in gleichwertige Anteile aufgeteilt und in die Sukuk-Zertifikate eingebettet ist. Der Wert des Sukuk bleibt somit an den Wert des zugrunde liegenden Vermögenswerts gebunden. Während sie in Nullkupon und Gutschein Versionen kommen, die Produktivität und Rendite ist an den Gewinn des zugrunde liegenden Vermögenswerts und nicht an einen Zinssatz gebunden ist (obwohl ein Zinssatz wie der LIBOR als Benchmark verwendet werden kann).

Betrachten wir zum Beispiel den Fall des Sukuk al- Ijara . Der Originator hält Vermögenswerte (Land, Gebäude, Flugzeuge, Schiffe usw.), die die Grundlage für die Erträge an den Sukuk-Investor bilden. Diese Vermögenswerte werden vom Originator an eine Zweckgesellschaft (SPV) verkauft und dann zu einem bestimmten Mietpreis zurückgemietet. Das SPV verbrieft die Vermögenswerte durch Ausgabe von Sukuk-Zertifikaten, die von Anlegern erworben werden können. Jede Sukuk in welcher Weise Islamic Banking von konventioneller Finanz unterscheiden?

Das Zertifikat repräsentiert einen Anteil am Eigentum der Vermögenswerte, der den Anleger zu periodischen Ausschüttungen aus dem SPV berechtigt, die durch die Mietzahlungen des Urhebers auf die geleasten Vermögenswerte finanziert werden.

Die Renditen können je nach Originator entweder fest oder variabel sein (häufig als Referenzwert bezeichnet).

Bisher hat AAOIFI (die Buchhaltungs- und Prüfungsorganisation für islamische Finanzinstitute) Standards für vierzehn Sukuk- Typen erlassen. Diese können grob in Sukuk eingeteilt werden, die vorbestimmte Renditen aufweisen, und Sukuk, die die Aufteilung des Gewinns und in einigen Fällen den Verlust ermöglichen. Sukuk al- Murabaha und Sukuk al- Murabaha sind Beispiele für gewinnbringende Sukuk. Bis heute haben die meisten ausgegebenen Sukuk vorbestimmte Renditen erzielt, und die Mehrheit dieser Sukuk war Sukuk al- Ijara , häufig mit einer vorbestimmten Rendite.

Tatsächlich ist die Grundstruktur eines Sukuk sehr flexibel und kann auf verschiedene Arten variiert werden. Die zugrunde liegenden Vermögenswerte, die in einem Pool zusammengefasst und verbrieft werden, können Forderungen aus Ijara , Murabaha , Istisna oder Musharaka oder eine Kombination daraus sein, und die Renditen können fest, variabel oder ohne Kupon sein. Das Anlagerisiko (Kreditrisiko, Zinsrisiko, Wechselkursrisiko, Marktpreisrisiko, Liquiditätsrisiko) entspricht weitgehend dem von konventionellen Anleihen und hängt von der Struktur der Verbriefung ab. Ein einziges Risiko besteht jedoch bei Shari. eine Compliance, ein Faktor, der auch die Handelbarkeit des Sukuk regelt .

Tatsächlich ist es das Potenzial für die Handelbarkeit , das in erster Linie für die Beliebtheit von Sukuk al- Ijara sorgt . Ijara, obwohl weniger häufig als Murabaha als Aktivposten in den Bilanzen der islamischen Banken eingesetzt, bietet eine viel größere Flexibilität für den Markt für islamische Anleihen. Jedes als Sukuk-al- Ijara bezeichnete Wertpapier steht für einen anteiligen Besitz von Sachwerten gegenüber einem anteiligen Anteil an finanziellen Forderungen oder Schulden im Fall von Sukuk-al- Murabaha . Während Schulden nur zum Nennwert übertragen werden können, kann das Eigentum an physischen Vermögenswerten immer zu einem gemeinsam ausgehandelten Preis übertragen werden. Daher ermöglicht Sukuk-al- Ijara die Schaffung eines Sekundärmarktes, da sie einen Anteil am Eigentum an einem physischen Vermögenswert haben.

Das Gesamtvolumen des weltweiten Sukuk-Emissionsvolumens belief sich 2013 auf USD 119,7 Mrd. und lag damit um 8,9% unter dem Wert von 2012. Der globale Primärmarkt für Sukuk wird nach wie vor von robusten Infrastrukturfinanzierungsanforderungen bestimmt, insbesondere im GCC, der nach wie vor akkommodierenden Geldpolitik, die Sukuk attraktiv macht Anlageklasse im Vergleich zu konventionellen Anleihen und starke Nachfrage nach Qualitätspapieren zur Erfüllung regulatorischer Anforderungen. (Rasameel Structured Finance, 2014)

Der weltweit ausstehende Sukuk erreichte Ende 2013 USD 269,4 Mio., was einem Anstieg von 17,5% im Jahresvergleich (gegenüber dem Vorjahr) von USD 229,3 Mio. zum Jahresende 2012 entspricht. Lediglich in Kuwait und Pakistan war der Sekundärmarkt im Vergleich zum Vorjahr rückläufig, während die Türkei, Saudi-Arabien und Indonesien zu den Märkten mit dem größten Wachstum zählten. Der malaysische Sekundärmarkt, auf den 58,7% der globalen Industrie entfallen, verzeichnete 2013 ein bescheidenes Wachstum von 10,0% auf 185,3 Mrd. USD. (Rasameel Structured Finance, 2014)

Die globalen Sukuk-Emissionen tendierten weiter zum kurzfristigen Ende des Jahres 2013, wobei der Fed-Taper dafür der Haupttreiber war. Seit Mai sind die Kreditkosten gestiegen, was die Emittenten dazu bewegt, die Fälligkeiten zu verkürzen, um die Finanzierungskosten zu senken. Ein Paradebeispiel hierfür ist der im September 2013 emittierte indonesische souveräne US-Dollar Sukuk. Der USD 1,5 Mrd. stieg um 6,125% über 5,5 Jahre. Im Vergleich dazu betrug der USD1 Mrd. im November 2012 über die 10-jährige Laufzeit 3,3%. Abhängig von der Zinsentwicklung müssen Emittenten, insbesondere Unternehmen, die Erschwinglichkeit potenzieller lang- und kurzfristiger Emissionen bewerten . (Rasameel Structured Finance, 2014)

Schließlich hat der Islam eine Reihe von Bedingungen festgelegt, um sicherzustellen, dass sich die Kredite im Einklang mit dem Wachstum des echten Rektors ausdehnen. Einige dieser Bedingungen sind:

1 Der Vermögenswert, der verkauft oder geleast wird, muss real sein und darf nicht imaginär oder fiktional sein.

2 Der Verkäufer muss die verkaufte oder geleaste Ware besitzen und besitzen;

3. Die Transaktion muss ein echtes Handelsgeschäft mit der vollen Absicht sein, die Lieferung zu geben und zu übernehmen. und

4 Die Schuld kann nicht verkauft werden, und das damit verbundene Ausfallrisiko muss vom Kreditgeber selbst getragen werden.

Die erste Bedingung wird dazu beitragen, die meisten spekulativen Transaktionen und Glücksspiele, bei denen es sich um fiktive Waren handelt, zu beseitigen, die während der aktuellen Krise einen wesentlichen Teil der Derivatgeschäfte ausgemacht haben. Die zweite Bedingung wird dazu beitragen, sicherzustellen, dass der Verkäufer (oder Leasinggeber) auch einen Teil des Risikos trägt, um an der Rendite beteiligt zu werden. Sobald der Verkäufer (Finanzier) das Eigentum und den Besitz der zu verkaufenden oder geleasten Waren erwirbt, trägt er die Gefahr. Diese Bedingung wird die Leerverkäufe einschränken und damit die Möglichkeit eines starken Rückgangs der Preise für Vermögenswerte während eines Abschwungs beseitigen. Die Scharia hat jedoch im Fall von Salam und Istisna eine Ausnahme von dieser Regel gemacht wenn die Waren noch nicht auf dem Markt verfügbar sind und vor der Lieferung hergestellt werden müssen. Dies wird dazu beitragen, dass sich die Finanzierung im Einklang mit dem Aufstieg der Realwirtschaft ausdehnt, und damit zu einer Eindämmung des übermäßigen Kreditwachstums beitragen.

Die dritte und die vierte Bedingung werden nicht nur dazu beitragen, eine Vielzahl von spekulativen Transaktionen und Derivatgeschäften zu eliminieren, bei denen es nicht beabsichtigt ist, die Lieferung zu leisten oder zu übernehmen, sondern sie motivieren den Gläubiger auch, das Kreditrisiko vorsichtiger zu bewerten. Dies wird eine unnötige Explosion von Volumen und Wert der Transaktionen verhindern und dazu beitragen, dass der Schuldenanstieg mit dem Aufstieg der Realwirtschaft Schritt hält. Es wird auch ein größeres Volumen an Finanzmitteln für den realen Sektor freisetzen und so dazu beitragen, die Beschäftigungs- und Selbständigkeitschancen und die Produktion von bedarfsgerechten Gütern und Dienstleistungen zu erweitern.

Die Disziplin, die der Islam im Finanzsystem einführen möchte, wird möglicherweise nicht zum Tragen kommen, wenn die Regierungen ihre Anleihen bei der Zentralbank nicht auf ein Niveau reduzieren, das mit dem Ziel der Preis- und Finanzstabilität vereinbar ist. Selbst Kredite des privaten Sektors sollten in erster Linie der Entwicklung dienen, die die Rückzahlungsfähigkeit erhöht. Kredite zur Deckung der laufenden Ausgaben müssen außer in extremen Umständen vermieden werden. Dies liegt daran, dass die Kreditaufnahme nicht das ultimative Bedürfnis nach Opfern beseitigt.

Ohne dieses Bewusstsein über das ultimative Opferbedürfnis wird das Bedürfnis nach Kreditaufnahme höchstwahrscheinlich pfadabhängig. Eine Reihe von Einwänden kann hier gegen diese Bedingungen angehoben werden. Eine davon ist, dass die Absicherung ein echtes Bedürfnis der Wirtschaft ist, und die oben genannten Einschränkungen können dagegen stehen. Echte Absicherungen oder Versicherungen, die von einer Person oder einem Unternehmen zum Schutz vor tatsächlich entstandenen Verlusten vorgenommen werden, wurden von muslimischen Juristen anerkannt. Was jedoch verboten ist, ist eine "Absicherung", die nicht mit einer realen Transaktion zusammenhängt und eher spekulativ und spielerisch ist. Ein zweiter Einwand könnte sein, dass alle diese Bedingungen dazu neigen, die Größe der Volkswirtschaft zu verringern, indem die Anzahl und das Volumen von Derivattransaktionen reduziert werden. Es gibt keine bezweifeln, dass die Anzahl der Transaktionen reduziert wird. In erster Linie handelt es sich dabei jedoch um Transaktionen, die spekulativ und spielerisch sind und allgemein als Nullsummenspiele anerkannt werden. Diese haben selten wesentlich zur Gesamtleistung beigetragen. Die durchschnittliche jährliche Wachstumsrate der insgesamt ausstehenden Derivate betrug zwischen 2000 und 2007 29,9 Prozent pro Jahr, während die reale Gesamtproduktion nur 3,1 Prozent pro Jahr betrug. Ein Rückgang der Spekulations- und Glücksspieltransaktionen dürfte die Realwirtschaft daher nicht wesentlich beeinträchtigen. Eine Beschränkung solcher Transaktionen wird zwar die Provisionen, die Spekulanten während eines künstlich erzeugten Booms verdienen, reduzieren, sie wird ihnen jedoch dabei helfen, Verluste und Insolvenzen abzuwenden, die während des Niedergangs unvermeidlich werden, und führen zu einer Finanzkrise.

E. ISLAMISCHE BANKING

Das Aufkommen des islamischen Bankwesens in den letzten Jahren ist einer der wichtigsten Trends im Wirtschaftssektor, und mit geschätzten 1,6 Milliarden Muslimen weltweit ist das Wachstumspotenzial reif.

Unter Muslimen gab es schon immer eine Nachfrage nach Finanzprodukten und Dienstleistungen, die der Scharia (islamisches Gesetz) entsprechen. Durch die Entwicklung praktikabler Alternativen zu herkömmlichen Finanzmitteln können Muslime zunehmend an der Finanzwelt teilnehmen, ohne ihre islamischen Prinzipien zu verletzen und ohne die wirtschaftlichen Nachteile zu tragen, die durch Nichtteilnahme entstehen, insbesondere durch den jüngsten Anstieg der Ölpreise.

Derzeit besteht der islamische Bankensektor aus mehreren hundert Milliarden Dollar und mehr als 300 Finanzinstituten innerhalb und außerhalb der muslimischen Welt. Das Vermögen beläuft sich auf 300 Milliarden US-Dollar, die nach islamischen Prinzipien verwaltet werden, von kommerziellen Banken über Investmentbanken bis hin zu Investmentfonds, die allesamt islamische Produkte anbieten.

Andere schätzen die Branche noch größer ein. Die Financial Services Authority, die Regulierungsbehörde für Finanzdienstleistungen im Vereinigten Königreich, hat kürzlich vorgebracht, dass das Islamic Banking 500 Milliarden US-Dollar ausmachte. Standard & Poor's, eine Rating-Agentur, schätzt, dass der Sukuk (Tat-) Markt 70 Milliarden Dollar erreicht hat und bis zum Ende des Jahrzehnts die Marke von 160 Milliarden Dollar übersteigen wird . (Al-Rifaee, 2008)

Islamische Finanzdienstleistungen entwickeln sich nun von einem Nischenmarkt zum Mainstream.

Neben der großen Zahl von Muslimen auf der ganzen Welt interessieren sich globale Finanzinstitute stark für islamische Produkte, da sich die Branche in einem aufstrebenden Stadium befindet. Die Produkte müssen noch vom Wettbewerb kommerzialisiert werden, so dass die Gewinnmargen hoch bleiben.

Was ist Islamic Banking?

Islamisches Bankgeschäft kann als Bankwesen mit Gewissen betrachtet werden. Die islamischen Banken verfügen jeweils über ein Scharia- Board, bestehend aus Scharia- Gelehrten sowie aus Finanzexperten, die für die Festlegung der Aktivitäten verantwortlich sind und nicht die Shari'ah-Richtlinien erfüllen. Das Islamic Banking basiert auf zwei finanziellen Grundsätzen. Erstens sollen Investitionen im privaten Sektor durch zinslose Finanzierung getätigt werden . Zweitens, das Entwicklu ng von Finanzinstrumente sind auf der Grundlage der Gewinn- und Verlustverteilung sowie der Risikoteilung durchzuführen.

Darüber hinaus ist das islamische Bankgeschäft rund um die Scharia aufgebaut, was hauptsächlich die Erhebung von Zinsen untersagt. Da der Islam das Interesse einer ungerechtfertigten Erhöhung des Kapitals betrachtet und keine Anstrengungen unternommen werden, um es zu verdienen, wird es als falsch angesehen und ist daher verboten. Es gibt jedoch viele Argumente zum Interessenverbot am

Islam. Das erste Argument ist, dass die Zinssätze keine moralische Grundlage haben. Die zweite ist, dass der Verzicht auf Konsum keine Belohnung ist. (Al-Rifaee, 2008)

Schließlich argumentieren einige, es gebe Risiken, um die Aufstockung der Zahlung für die Kreditvergabe zu rechtfertigen, wenn das Darlehen garantiert sei.

Neben dem Verbot von Zinszahlungen behandelt das islamische Recht Geld streng als Tauschmittel. Mit anderen Worten, Geld hat an sich keinen inhärenten Wert und sollte daher nicht zu mehr Geld führen. Im islamischen Bankgeschäft ist die Beziehung zwischen Gläubiger und Schuldner anders definiert als in der säkularen Finanzwelt. Der Gläubiger oder der Geldgeber, der Partner eines Projekts wird, übernimmt die Risikotätigkeit mit dem Unternehmer und teilt sowohl Gewinne als auch Verluste.

Die Schaffung von inkrementellem Wohlstand rechtfertigt den Gewinnanteil zwischen dem Kreditnehmer und dem Kreditgeber, garantiert jedoch keine feste Rendite.

Zu den wichtigsten Instrumenten, die an der zuvor genannten Form der Ressourcenmobilisierung beteiligt sind, gehören folgende: Handelsfinanzierung und Mehrkostenaufschlag auf Handelswaren (Murabaha). Gewinnbeteiligung (Mudaraba) und Kapitalbeteiligung (Musharaka), bei der auch eine Kostenteilung zwischen Partnern enthalten ist.

Verleih von gekaufter Ausrüstung (Ijara).

In den letzten Jahren wurden viele neue islamische Finanzprodukte entwickelt und werden zunehmend für

Finanzmarktaktivitäten verwendet, darunter Handel und Investitionen in Aktien und Anleihen (Sukuk und Investmentzertifikate), Takaful und Re-Takaful, Islamic Syndicated Lending und Investitionen in Islamic kollektive Kapitalanlagen und andere Vermögens- und Vermögensverwaltungsprodukte einschließlich islamischer Vertrauensdienste (waqf) (Saidi, 2008)

Islamic Banking - Portfolio mit Sekundärfinanzierungsinstrumente, die folgenden sind die wichtigsten Differenzpunkte zwischen konventionellem Banking und Islamic Banking. (AHMAD, 1998)

Insbesondere bedienen islamische Banken weltweit bereits 38 Millionen Kunden, von denen zwei Drittel in sieben Ländern, Malaysia, Saudi-Arabien, den Vereinigten Arabischen Emiraten, Katar, Bahrain, Indonesien und der Türkei leben. Mittlerweile ist ein Fünftel der Vermögenswerte des Bankensystems in diesen Ländern auf islamisch übergegangen. In Saudi-Arabien hat der Angebotsschub einen Anteil des islamischen Bankgeschäfts über 50 Prozent des Systemvermögens erreicht . Der weltweite Markt für islamische Finanzdienstleistungen, gemessen an Scharia-konformen Vermögenswerten, wird von The City UK im Jahr 2013 auf einen Rekordwert von 1.688 Mrd. US-Dollar geschätzt. (UK Islamic Finance Sekretariat UKIFS, 2013)

Die Branche wird in den kommenden Jahren deutlich wachsen. Bei der aktuellen Wachstumsrate könnte der Markt bis Ende 2014 ein Vermögen von 2 Billionen US-Dollar erreichen. Die größten Zentren bleiben in Malaysia und im Nahen Osten, einschließlich Iran, Saudi-Arabien, VAE und Kuwait, konzentriert.

Das islamische Finanzwesen hat sich in einer Zeit als widerstandsfähig erwiesen, in der sich die Weltwirtschaft verlangsamte und das konventionelle Bankgeschäft in den westlichen Ländern unter Druck stand. Das globale Vermögen der islamischen Finanzen hat sich seit Beginn der wirtschaftlichen Abschwächung verdoppelt. Es besteht ein erhebliches Potenzial für den Ausbau der islamischen Finanzen. Die muslimische Bevölkerung von rund 1,6 Milliarden Menschen macht fast ein Viertel der Weltbevölkerung aus, Sharia-konforme Vermögenswerte machen jedoch nur etwa 1 Prozent der weltweiten Finanzanlagen aus. Weniger als ein Fünftel der Muslime weltweit verwendet derzeit islamische Finanzprodukte. Das Ausmaß der Durchdringung der Branche ist sehr unterschiedlich. Weltweit sind mehr als 700 Institutionen als Sharia-konforme Organisationen registriert in Finanzdienstleistungen. Von diesen sind etwa 500 vollwertige eigenständige Institutionen, und der Rest betreibt Sharia-konforme Produkte innerhalb einer konventionellen Institution oder als islamische Fenster bekannt. Zu den Ländern, von denen die meisten der 430 Unternehmen der Umfrage von The Banker angehören, gehören Bahrain und Indonesien mit 74 bzw. 71 Unternehmen. Malaysia, Iran, Kuwait und Saudi-Arabien gehörten zu einer Gruppe von

Ländern mit mehr als 50 Unternehmen. (Islamisches Finanzsekretariat UKIFS, 2013)

E. ISLAMISCHE KAPITALMÄRKTE

Seit 1990 hat sich der islamische Kapitalmarkt weltweit rasant entwickelt, von Südostasien über die GCC-Region bis hin zu Europa ein wahrhaft internationaler Markt für Fundraising-Aktivitäten. Dieses starke Wachstum wurde durch den Anstieg der Erträge der Erdöl exportierenden Länder infolge eines Anstiegs der weltweiten Ölpreise getrieben. Zu den teilnehmenden Institutionen zählen multilaterale Organisationen wie die Weltbank und die Islamic Development Bank (IDB) sowie sowohl islamische als auch herkömmliche Unternehmen. Der islamische Kapitalmarkt ist ein wesentlicher Bestandteil des islamischen Finanzsystems. Es ermöglicht die effiziente Mobilisierung von Ressourcen und deren optimale Zuteilung, wodurch die Rolle der Finanzintermediäre islamischer Institutionen im Anlageprozess ergänzt wird. Obwohl dieser Markt ähnlich funktioniert wie der herkömmliche Kapitalmarkt, muss jede finanzielle Vereinbarung, die er ermöglicht, mit den bereits zusammengefassten Prinzipien der Shari'ah im Einklang stehen. Momentan,Islamic Equity, Islamic Bonds (Sukuk), Islamic Funds und Islamic Real Estate Investment Trusts (REITs) werden als Alternative zu herkömmlichen Instrumenten angeboten (Di Mauro et al., 2013).

III. Führende Organisationen der Islamic Finance

Zu Beginn konzentrierte sich die Branche auf den Handel, gefolgt von den Geschäftsbanken. Der nächste Schritt, die Kapitalmarktaktivitäten, dauerte etwas länger, um entwickelt zu werden, aber er begann in sehr kurzer Zeit zu boomen, und dieser Boom zog immer mehr Akteure in dieses Geschäft, vor allem westliche Länder Mitte der 1990er Jahre . Als die islamische Finanzindustrie immer mehr Länder anzog und das öffentliche Interesse auf der ganzen Welt wuchs, forderten die Zentralbanken und Aufsichtsbehörden in diesen Ländern Regulierung und Aufsicht über die islamische Finanzindustrie. Ein weiteres zusätzliches Problem, das auf den Boom der internationalen Finanzinstitute folgte, war der Unterschied der von diesen Institutionen angebotenen Produkte. IFIs begannen Anfang der 70er Jahre zunehmend, Experten des islamischen Rechts zu konsultieren, um sich zu vergewissern, ob ihr Produkt an die Scharia gebunden war. Es war jedoch eine Standardeinstellung erforderlich, damit die Produkte mindestens denselben Inhalt haben können, wenn nicht derselbe Name. All diese Probleme führten zur Einrichtung von Scharia-Boards innerhalb der IFI. Dies war jedoch nicht genug, weil die Unstimmigkeiten bei der Interpretation verschiedener Scharia 'Ein Board von IFIs führte dazu, dass einige Transaktionen in den Regeln eines Boards mit der Shari'ah übereinstimmten und mit den Regeln des anderen Boards nicht mit der Shari'ah übereinstimmten. Es wurde daher festgestellt, dass internationale Normungsorganisationen wie die Rechnungslegungs- und Rechnungsprüfungsorganisation für islamische Finanzinstitute (AAOIFI), das Islamic Financial Services Board (IFSB), die Islamic International Rating Agency (IIRA) und der Internationale Islamische Finanzmarkt (IIFM) die Erleichterung ermöglichten die Herausgabe internationaler Standards und Richtlinien, die einheitliche Auslegung der islamischen Rechtsprechung und den Umgang mit Fragen der Unternehmensführung.Vor kurzem wurde die International Islamic Liquidity Management Corp (IILM) gegründet, um Institutionen, die islamische Finanzdienstleistungen anbieten, dabei zu unterstützen, ihre Liquiditätsmanagementprobleme effizient und effektiv zu lösen. Diese Hauptkörper der islamischen Finanzen werden in den folgenden Unterkapiteln ausführlich erläutert. (Faiz, 2011)

1 Scharia-Boards

Es sollte betont werden, dass das Shari'ah Board kein Standardisierungsorgan an sich ist, sondern anderen Regulierungs- und Normungsorganisationen dabei behilflich ist, eine gute Verwaltungspraxis zwischen den internationalen Finanzinstituten zu etablieren und aufrechtzuerhalten. Shari'ah Board ist ein Komitee islamischer Gelehrter, dessen Aufgabe es ist zu überprüfen, ob die neuen Produkte, die von den IFI vorgestellt werden, der Scharia entsprechen. Die Funktionen dieser Stipendiaten ähneln den Mitgliedern von Verwaltungsräten in konventionellen Unternehmen, dh sie werden nicht von IFI eingesetzt, sondern erhalten Honorare. Sie haben das Recht, gleichzeitig Mitglied von Scharia-Verwaltungsräten in verschiedenen IFI zu sein. Letzteres ist darauf zurückzuführen, dass es nur wenige Dutzend Scharia-Gelehrte gibt, die sowohl mit dem islamischen Recht als auch mit den modernen finanziellen Bedürfnissen der Welt vertraut sind. Obwohl die Zahl solcher Gelehrten wächst,Sie bleiben immer noch hinter dem Wachstum der Industrie zurück. Das erste Scharia-Board wurde 1976 von der ägyptischen Faisal Islamic Bank gegründet und bald folgten andere IFI diesem Beispiel. In den meisten islamischen Ländern sind Shari'ah-Boards von IFI heute gesetzlich vorgeschrieben, und selbst wenn dies nicht gesetzlich vorgeschrieben ist, sind Shari'ah-Boards zu einem wichtigen Bestandteil der IFIs geworden. In letzter Zeit wurden Shari'ah-Gremien jedoch von vielen Ökonomen kritisiert, weil sie aufgrund von Interessenkonflikten Teil der Probleme der Unternehmensführung oder der Theorie von Agenturen in internationalen Finanzinstitutionen sind. Um diese Art von Problemen anzugehen, hat Malaysia als erstes Land der Welt Gelehrte dazu verpflichtet, Mitglied des Scharia-Ausschusses von maximal drei IFI gleichzeitig zu sein. AAOIFI-Standards haben die Pflicht der Shari'ah-Boards alsÜberprüfung und Überwachung der Aktivitäten der IFI, um sicherzustellen, dass sie den Prinzipien der Scharia entsprechen. Die AAOIFI-Standards haben es auch für alle IFI zur Pflicht gemacht, ihre Scharia-Vorstandsmitglieder auf Empfehlung des

Verwaltungsrats über die jährliche Hauptversammlung der Aktionäre zu wählen, wobei die lokalen Gesetze und Vorschriften zu berücksichtigen sind. Des Weiteren heißt es, dass diese Mitglieder nicht unter den Direktoren und Mehrheitsaktionären des IFI ausgewählt werden sollten. Die Aufrechterhaltung und Formalisierung der internen Regulierungsfunktion der Shari'ah-Boards wird als unerlässlich angesehen, da diese internen Stellen am besten dazu geeignet sind, ihre einzelnen Organisationen bei der Einhaltung der Shari'ah-Compliance zu unterstützen, und somit eine wichtige Rolle im gesamten regulatorischen Umfeld spielen. (Faiz, 2011)

2 AAOIFI

Die Rechnungslegungs- und Rechnungsprüfungsorganisation für islamische Finanzinstitute (AAOIFI) ist eine islamische internationale, unabhängige, gemeinnützige Körperschaft, die Rechnungslegungs-, Wirtschaftsprüfungs-, Governance-, Ethik- und Scharia-Standards für islamische Finanzinstitute vorbereitet. Sie wurde im Einklang mit dem am 26. Februar 1990 in Algier von islamischen Finanzinstituten unterzeichneten Assoziationsabkommen gegründet. Das AAOIFI verfügt über eine zweistufige Organisationsstruktur, um die Normsetzungsfunktion von der Finanzierung der Organisation zu trennen, sodass die Standardsetzer keinem Interessenkonflikt unterliegen. IFIs sind nicht verpflichtet, die Standards und Richtlinien der AAOIFI anzupassen. Aufsichts- und Aufsichtsbehörden auf der ganzen Welt verlassen sich jedoch zunehmend auf sie und passen ihre Standards an. Zum Beispielsweise bestehen viele Scharia-Boards aus mindestens drei Wissenschaftlern, die über umfassende finanzielle

Expertise und Ausbildung in rechtlichen Fragen gemäß den AAOIFI-Standards verfügen. Das AAOIFI enthält Richtlinien für IFI, wenn / wenn sie Schwierigkeiten bei der Interpretation haben oder Probleme mit neuen Finanzprodukten verstehen. Bisher hat das AAOIFI 25 Standards für Rechnungswesen, 5 für Wirtschaftsprüfung, 7 für Corporate Governance und 2 Ethikkodizes erlassen. Das AAOIFI konzentriert sich auf die Prüfung und Buchhaltung, wo Prozesse und Transaktionen anders als in der herkömmlichen Bankpraxis behandelt werden müssen. (Faiz, 2011)

3. IFSB

Um eine solide und stabile Entwicklung der islamischen Finanzindustrie sicherzustellen, muss sie von einem starken Regulierungs- und Aufsichtsrahmen unterstützt werden. Um diese Anforderung zu erfüllen, wurde 2002 das Islamic Financial Services Board (IFSB) gegründet. Das IFSB ist ein internationales Gremium, das von Malaysia gehostet wird. Es hat den wichtigen Auftrag, die Aufsichtsstandards in Übereinstimmung mit den einzigartigen Merkmalen der islamischen Finanzinstitution zu entwickeln. IFSB wurde unter der Schirmherrschaft des Internationalen Währungsfonds gegründet und hat sich in enger Zusammenarbeit mit dem IWF und dem Basler Ausschuss für Bankenaufsicht zu einer der einflussreichsten internationalen Organisationen entwickelt, die sich für die Finanzierung des Islam und dessen Standards einsetzen.IFSB versucht, die bestehenden Standards und Richtlinien der genannten Organisationen an die IFIs anzupassen und passt sie den Prinzipien der Shari'ah an. Das Hauptaugenmerk des IFSB liegt auf der Vereinheitlichung der

Verfahren und der Art und Weise, wie Scharia-Entscheidungen in der gesamten Branche interpretiert werden. Seit seiner Gründung hat das IFSB 17 Standards, Leitlinien und technische Anmerkungen zu den Bereichen Risikomanagement, Corporate Governance, Transparenz und Marktdisziplin usw. erlassen. Das IFSB arbeitet eng mit dem Basler Ausschuss für Bankenaufsicht (International Organization for Securities Commissions) zusammen und der International Association of Insurance Supervisors (Faiz, 2011)Diese Entscheidungen werden branchenübergreifend interpretiert. Seit seiner Gründung hat das IFSB 17 Standards, Leitlinien und technische Anmerkungen zu den Bereichen Risikomanagement, Corporate Governance, Transparenz und Marktdisziplin usw. erlassen. Das IFSB arbeitet eng mit dem Basler Ausschuss für Bankenaufsicht (International Organization for Securities Commissions) zusammen und der International Association of Insurance Supervisors (Faiz, 2011)Diese Entscheidungen werden branchenübergreifend interpretiert. Seit seiner Gründung hat das IFSB 17 Standards, Leitlinien und technische Anmerkungen zu den Bereichen Risikomanagement, Corporate Governance, Transparenz und Marktdisziplin usw. erlassen. Das IFSB arbeitet eng mit dem Basler Ausschuss für Bankenaufsicht (International Organization for Securities Commissions) zusammen und der International Association of Insurance Supervisors (Faiz, 2011)

4 IIRA

Die Islamic International Rating Agency (IIRA) hat im Juli 2005 ihre Tätigkeit aufgenommen, um die Entwicklung der regionalen und nationalen Finanzmärkte durch die Abgrenzung des relativen Investitions- oder Kreditrisikos zu erleichtern und eine Bewertung des Risikoprofils von Unternehmen und Instrumenten vorzunehmen. Dies sollte ein wesentlicher Bestandteil des Entscheidungsprozesses institutioneller Anleger sein. IIRA unterstützt die islamische Finanzdienstleistungsbranche dabei, lokal und international als starke und leistungsfähige Finanzinstitutionen anerkannt zu werden, wobei höhere Offenlegungs- und Transparenzstandards eingehalten werden. Ihre Aufgabe ist es, die Entwicklung des regionalen Kapitalmarktes zu unterstützen und seine Funktionsweise zu verbessern.IIRA ist eine Alternative zu den internationalen Ratingagenturen geworden und soll zu einer Referenz werden, auf die sich Anleger und Finanziers verlassen können, um hinsichtlich der Einhaltung der diesbezüglichen Regeln und Grundsätze der Scharia für islamische Finanzdienstleistungen „Qualität" zu erreichen. IIRA ist ein Es handelt sich um eine gewinnbringende Einrichtung, die wie ihre herkömmlichen Kollegen arbeitet und eine feste Gebühr pro Arbeit berechnet. (Faiz, 2011)

5 IIFM

Der Internationale Islamische Finanzmarkt (IIFM) ist das globale Standardisierungsgremium für das Segment Islamic Capital & Money Market der internationalen Finanzinstitute. Ihr Hauptaugenmerk liegt auf der Standardisierung islamischer Finanzprodukte, Dokumentation und verwandten Prozessen.

Das Abkommen zur Einrichtung des IIFM wurde im November 2001 von den Gouverneuren der Zentralbanken /

Währungsagenturen Malaysia, Bahrain, Indonesien, Sudan und dem Präsidenten der Islamic Development Bank unterzeichnet. Es hat seinen Betrieb im Jahr 2002 aufgenommen. Seine Hauptziele sind:

1 Förderung der Errichtung und Entwicklung eines internationalen Finanzmarktes, der auf den Regeln und Prinzipien der Scharia basiert

2 Behandlung des Problems der Liquiditätsverwaltung in internationalen Finanzinstituten

3. Entwicklung eines aktiven Sekundärmarktes und

4 Schaffung eines Umfelds, das sowohl islamische als auch nichtislamische Finanzinstitute dazu anregt, aktiv an einem Sekundärmarkt teilzunehmen, und die Informationen über neue rückverfolgbare Anweisungen.

IIFM wird auch als zentrale Anlaufstelle für die Harmonisierung der Interpretationen der Scharia auf dem globalen Finanzmarkt dienen und den kooperativen Rahmen unter den internationalen Finanzinstituten verbessern. Im September 2006 unterzeichnete der IIFM mit der International Swaps and Derivatives Association (ISDA) eine Absichtserklärung, um einen Rahmenvertrag für die Dokumentation von privat ausgehandelten, mit Scharia konformen Derivattransaktionen zu entwickeln. Im März 2010 wurde der ISDA / IIFM-Rahmenvertrag für Tahawwut eingeführt. Es ist ein völlig neues Rahmendokument, obwohl der Aufbau des Dokuments dem herkömmlichen ISDA-Rahmenvertrag ähnelt. Die wichtigsten Mechanismen und Vorkehrungen wie vorzeitige Beendigungsereignisse,

Schließungen und Netting werden jedoch auf der Grundlage der Prinzipien der islamischen Scharia entwickelt (Faiz, 2011).

6 IILM

ICH. Die International Islamic Liquidity Management Corp (IILM) ist eine Gemeinschaftsaktion von elf Zentralbanken oder Währungsbehörden aus Ländern wie Malaysia, Indonesien, Iran, Luxemburg und den Vereinigten Arabischen Emiraten sowie zwei multilateralen Organisationen, die Institutionen unterstützen, die islamische Finanzdienstleistungen anbieten in ihrem Liquiditätsmanagement. Das IILM wurde gegründet, um Institutionen, die islamische Finanzdienstleistungen anbieten, dabei zu unterstützen, ihre Fragen des Liquiditätsmanagements effizient und effektiv zu lösen. Diese Institution befasst sich mit einem der grundlegenden Probleme der islamischen Finanzinstitute: der Bereitstellung angemessener Liquidität in Stresssituationen. Es wird erwartet, dass das IILM eine liquide, handelbare und risikoarme Shari 'mit hoher Qualität und Triple A-Rating ausgibta-konforme Finanzinstrumente sowohl auf nationaler Ebene als auch über die Grenzen hinweg, um die Solidität und Stabilität der islamischen Finanzmärkte zu verbessern. Die Instrumente des IILM werden im Liquiditätsmanagement als geeignete Sicherheiten für Interbankentransaktionen und Zentralbankfinanzierungen oder durch den Handel mit IILM-Instrumenten (entweder innerhalb desselben Landes oder grenzüberschreitend) am Sekundärmarkt eingesetzt. Da der IILM das grenzüberschreitende Liquiditätsmanagement erleichtern soll, werden seine Instrumente auf wichtige

Reservewährungen wie den US-Dollar und den Euro lauten. Dies soll den Zugang zu einem großen Pool globaler Investoren sicherstellen, die Reichweite seiner Inhaber erweitern und somit die Aussichten für einen aktiven Sekundärmarkt verbessern. Wenn die Vermögenswerte über das IILM gehandelt werden können, werden wesentlich weniger dieser Vermögenswerte von den Instituten gehalten.

IV. Islamic Finance in den Vereinigten Staaten

In den Vereinigten Staaten wächst das Interesse an islamischen Finanzierungen und Geschäftsmöglichkeiten für Kreditgeber. Einige haben angedeutet, dass die islamische Finanzierung für Investoren eine attraktive Option sein könnte, da die konventionelle Finanzierung durch die Krise der US-Subprime-Kreditvergabe und Rezessionsprobleme konfrontiert ist. In den Vereinigten Staaten besteht eine Scharia-konforme Finanzierung zum großen Teil aus Eigenheimhypotheken. Seit seiner Gründung im Jahr 2002 hat Guidance Residential, eine islamische Baufinanzierungsfirma , mit Scharia-konforme Eigenfinanzierung in den Vereinigten Staaten über 1,5 Milliarden US-Dollar bereitgestellt. Andere Finanzintermediäre, die auf dem islamischen Markt basierende Hypotheken anbieten, sind die University Islamic Financial, die Devon Bank und das American Finance House Lariba. HSBC ist die einzige große Geschäftsbank, die islamische Finanzen in den USA anbietet, und konzentriert sich auf New York. Die Federal National Mortgage Association (Fannie Mae) und die Federal Home Mortgage Corporation (Freddie Mac) erwerben von Finanzintermediären shariahkonforme Hypothekenverträge. die Anbieter können weitere Hypotheken aufnehmen. Im Jahr 2007 hatte Freddie Mac Berichten zufolge mehr als 250 Millionen US-Dollar an islamischen Baufinanzierungen erworben, ein kleiner, aber bemerkenswerter Bruchteil der 1,77 Billionen US-Dollar an

Geschäftsaktivitäten des Unternehmens.Der Federal National Mortgage Association (Fannie Mae) und die Federal Home Mortgage Corporation (Freddie Mac) erwerben von Finanzintermediären shariahkonforme Hypothekenverträge, wodurch die Anbieter weitere Hypotheken aufnehmen können. Im Jahr 2007 hatte Freddie Mac Berichten zufolge mehr als 250 Millionen US-Dollar an islamischen Baufinanzierungen erworben, einem kleinen, aber bemerkenswerten Bruchteil der 1,77 Billionen US-Dollar des Unternehmens (Ilias, 2010).

Andere Formen von Scharia-konformen Diensten werden auch in den USA angeboten. Zum Beispiel Devon Bank und Zayan Finance bieten SCF für gewerbliche Immobilien an. Scharia-konforme Publikumsfonds werden von Intermediären wie dem Amana Mutual Funds Trust, Azzad Funds und dem Dow Jones Islamic Fund angeboten. Internationale Finanzintermediäre stellen auch SCF in den Vereinigten Staaten bereit. Muslimische Investoren aus den Ländern des Gulf Cooperation Council (GCC) haben versucht, ihre Finanzportfolios geografisch zu diversifizieren und ihr Vermögen in US-Vermögenswerte zu investieren. Zum Beispiel hat die in Bahrain ansässige Arcapita Bank in den Vereinigten Staaten Transaktionen in Bezug auf Private Equity und Immobilien durchgeführt, die der Scharia entsprechen. US-amerikanische Unternehmen haben auch alternative Finanzierungsquellen durch islamische Finanzierung im Ausland genutzt. So war General Electric im November 2009 das erste große US-Unternehmen, das eine islamische Anleihe verkaufte. Es verkaufte sich fünf Jahre,500 Millionen US-Dollar islamische Anleihe, um internationale Investoren anzuziehen, die nach islamischen Prinzipien investieren möchten (Ilias, 2010)

Politikinteressen der USA in der islamischen Finanzen: (Ilias, 2010; Zyp, 2009)

Mit dem Wachstum der islamischen Finanzaktivitäten in den Vereinigten Staaten geben Kritiker Bedenken hinsichtlich der damit verbundenen angemessenen Kapitalausstattung und der Systemrisiken auf. Befürworter des islamischen Finanzwesens behaupten, dass das Verbot von Risikobereitschaft viele Bedenken mildert. Einige sehen auch die Integration von Ethik und Werten in die Finanzwirtschaft als eine positive Entwicklung, insbesondere vor dem Hintergrund der jüngsten US-Korruptionsskandale in den USA. Berichten zufolge halten viele Investoren eine Scharia-konforme Finanzierung für widerstandsfähiger gegenüber globalen Wirtschafts- und Finanzkrisen als herkömmliche Finanzierungen. Andere weisen jedoch darauf hin, dass die islamischen Finanzmärkte immer noch an die Weltwirtschaft gebunden sind und nicht vollständig vor dem Auf und Ab der internationalen Märkte geschützt sind. Das Wachstum des islamischen Finanzwesens in den Vereinigten Staaten kann Auswirkungen auf die Aufsicht des Kongresses haben.Der Kongress könnte daran interessiert sein, die Beziehung zwischen den aktuellen gesetzlichen und regulatorischen Rahmenbedingungen der US-Banken und der islamischen Finanzierung zu bewerten. Die derzeitigen US-Gesetze und -Regelungen können breit genug sein, um einige Aspekte der islamischen Finanzierung zu berücksichtigen. Andere Aspekte des islamischen

Finanzwesens können US-Gesetze und -Regulierungen vor besondere Herausforderungen stellen, z. B. die Anwendung von Regeln, die für herkömmliche, interessenorientierte Produkte auf islamische Produkte festgelegt wurden. Es gibt Debatten darüber, ob und in welchem Umfang die Regulierungsbehörden Regeln für konventionelle Produkte auf islamische Produktpartner anwenden sollen oder nicht.B. die Anwendung von Regeln, die für herkömmliche, auf Interessen basierende Produkte erstellt wurden, auf islamische Produkte. Es gibt Debatten darüber, ob und in welchem Umfang die Regulierungsbehörden Regeln für konventionelle Produkte auf islamische Produktpartner anwenden sollen oder nicht.B. die Anwendung von Regeln, die für herkömmliche, auf Interessen basierende Produkte erstellt wurden, auf islamische Produkte. Es gibt Debatten darüber, ob und in welchem Umfang die Regulierungsbehörden Regeln für konventionelle Produkte auf islamische Produktpartner anwenden sollen oder nicht.

Einige US-Finanzinstitutionen äußern Bedenken hinsichtlich der möglichen Verbindungen einiger islamischer Institutionen zu terroristischen Finanzierungsnetzwerken. Aus dieser Sicht besteht die Möglichkeit, dass islamische Bankgeschäfte Gelder an Terroristen richten oder Terroristen den Zugang zu Geldern ermöglichen. Andere behaupten, dass die Risiken der islamischen Finanzierung nicht wesentlich größer sind als die Risiken herkömmlicher Finanzen und dass die Mehrheit der jüngsten Terrorismusfinanzierungsfälle im Zusammenhang mit SCF aus dem Gericht geworfen wurde. In einer Aussage des Kongresses sagte ein Beobachter: "Es gibt theoretisch keinen Grund zu der Annahme, dass die islamische Finanzierung besonders immun oder besonders anfällig für den Missbrauch durch Geldwäscher oder terroristische Finanziers ist".Einige Befürworter behaupten auch, dass sicherheitsbezogene Bedenken hinsichtlich der islamischen Finanzen auf mangelndes Verständnis von SCF oder auf Stereotype zurückzuführen seien. Es kann eine "Verschmelzung" der islamischen Finanzen geben

mit Hawala, einem informellen, auf Vertrauen basierenden Geldtransfersystem, das im Nahen Osten und in vielen muslimischen Ländern bekannt ist. Hawala-Transaktionen basieren auf einem Ehrensystem, wobei zwischen den Parteien keine Fremdkapitalinstrumente ausgetauscht werden und keine Aufzeichnungen über die Transaktionen. Einige Analysten betrachten das Hawala-System als besonders anfällig für die Finanzierung von Terroristen.

V. Schritte vorwärts - Einige Empfehlunge

Die islamischen Finanzmärkte befinden sich weit unterhalb ihres Potenzials, da das islamische Bankgeschäft an sich keine Wurzeln schlagen kann, wenn die anderen notwendigen Komponenten eines islamischen Finanzsystems fehlen. Bevor eine langfristige Strategie formuliert werden kann, muss eine Reihe von Einschränkungen angegangen werden: (Iqbal, 1997, 2007)

• Es wurde noch kein einheitlicher regulatorischer und rechtlicher Rahmen für ein islamisches Finanzsystem entwickelt. Bestehende Bankvorschriften in islamischen Ländern basieren auf dem westlichen Bankmodell. In ähnlicher Weise sind islamische Finanzinstitute mit Schwierigkeiten konfrontiert, in nicht-islamischen Ländern tätig zu sein, da es keine Regulierungsbehörde gibt, die nach islamischen Prinzipien arbeitet. Die Entwicklung eines regulatorischen und aufsichtsrechtlichen Rahmens, der sich mit den spezifischen Problemen islamischer Institutionen befassen würde, würde die Integration der islamischen Märkte und der internationalen Finanzmärkte weiter verbessern.

• Es gibt kein einzelnes, ansehnliches und organisiertes Finanzzentrum, das behaupten kann, nach islamischen Prinzipien zu funktionieren. Obwohl die Aktienmärkte in aufstrebenden islamischen Ländern wie Ägypten, Jordanien und Pakistan aktiv sind, sind sie mit den islamischen Prinzipien nicht vollständig vereinbar. Die Aktienmärkte im Iran und im Sudan könnten am ehesten den islamischen Grundsätzen entsprechen. Darüber hinaus ist der Sekundärmarkt für islamische Produkte extrem flach und illiquide, und die Geldmärkte sind nahezu nicht vorhanden, da derzeit keine tragfähigen Instrumente verfügbar sind. Die Entwicklung eines Interbankenmarktes ist eine weitere Herausforderung.

• Das Innovationstempo ist langsam. Der Markt bietet seit Jahren dieselben traditionellen Instrumente an, die auf kurz- und mittelfristige Laufzeiten ausgerichtet sind, hat jedoch noch nicht die notwendigen Instrumente für die Abwicklung der Laufzeiten an den Extremen. Es besteht ein Bedarf an Instrumenten des Risikomanagements, um Kunden mit Instrumenten zur Absicherung gegen die hohe Volatilität der Währungs- und Rohstoffmärkte auszustatten. Darüber hinaus verfügt der Markt nicht über die notwendigen Instrumente, um tragfähige Alternativen für die Finanzierung der öffentlichen Schulden bereitzustellen.

• Ein islamisches Finanzsystem benötigt solide Rechnungslegungsverfahren und -standards. Westliche Rechnungslegungsverfahren sind aufgrund der unterschiedlichen Art und Behandlung von Finanzinstrumenten nicht angemessen. Gut definierte Verfahren und Standards sind entscheidend für die Offenlegung von Informationen, das Vertrauen der Anleger sowie Überwachung und Überwachung. Angemessene Standards werden auch zur Integration der islamischen Finanzmärkte in die internationalen Märkte beitragen. Islamischen Institutionen fehlt es an geschultem Personal, das

Portfolios analysieren und verwalten sowie innovative Produkte gemäß den islamischen Finanzgrundsätzen entwickeln kann. Nur eine begrenzte Anzahl islamischer Institutionen kann es sich leisten, ihre Mitarbeiter zu schulen und Ressourcen für die Produktentwicklung einzusetzen.

• Die in den islamischen Ländern angewandten religiösen Prinzipien sind nicht einheitlich. In Ermangelung einer allgemein anerkannten zentralen religiösen Autorität haben islamische Banken ihre eigenen religiösen Gremien gebildet. Islamische Banken müssen sich an ihre jeweiligen religiösen Gremien oder Scharia-Berater wenden, um die Genehmigung für jedes neue Instrument einzuholen. Unterschiede in der Interpretation islamischer Prinzipien in verschiedenen Denkrichtungen können dazu führen, dass identische Finanzinstrumente von einer Kammer abgelehnt, aber von einer anderen akzeptiert werden. Daher ist das gleiche Instrument möglicherweise nicht in allen Ländern akzeptabel. Dieses Problem kann angegangen werden, indem ein einheitlicher Rat gebildet wird, der verschiedene Denkrichtungen vertritt, um zusammenhängende Regeln zu definieren und die Einführung neuer Produkte zu beschleunigen.

In mehreren Bereichen können Verbesserungen vorgenommen werden, um die Bereitstellung islamischer Finanzdienstleistungen zu fördern und zu verbessern. Bestimmte Bereiche verdienen jedoch sofortige Aufmerksamkeit.

A. Financial Engineering:

Financial Engineering und Finanzinnovationen treiben das globale Finanzsystem zu mehr Wirtschaftlichkeit, indem die Chancen für die Risikoteilung, die Transaktionskosten und die Verringerung asymmetrischer Informations- und Agenturkosten erhöht werden. Financial Engineering umfasst das Design, die Entwicklung und Implementierung innovativer Finanzinstrumente und -prozesse sowie die Formulierung kreativer Lösungen. Financial Engineering kann zu einem neuen verbraucherähnlichen Finanzinstrument oder einem neuen Wertpapier oder zu einem neuen Prozess oder einer kreativen Lösung für Probleme bei der Unternehmensfinanzierung führen, z. B. die Notwendigkeit, Finanzierungskosten zu senken, das Risiko besser zu steuern oder die Kapitalrendite zu steigern.

Für islamische Finanzinstitute besteht die Herausforderung im Finanzwesen darin, neue Shari'ah-kompatible Produkte einzuführen, die die Liquidität, das Risikomanagement und die Diversifizierung des Portfolios verbessern. Im Allgemeinen erfordert der Versuch der Anwendung von Financial Engineering-Techniken im islamischen Bankgeschäft sehr viel Ressourcen, um die Risiko-Rendite-Merkmale jedes Bausteins des Systems zu verstehen und neue Produkte mit unterschiedlichen Risiko-Rendite-Profilen anzubieten, die den Anforderungen der Anleger entsprechen. Finanzintermediäre und Unternehmer für Liquidität und Sicherheit. Die Verbriefung ist ein erstklassiger Kandidat für das Financial Engineering. Neue Finanzinnovationen sind auch erforderlich, um die Nachfrage nach Instrumenten an beiden Enden der Laufzeitstruktur zu befriedigen: extrem kurzfristige Einlagen und langfristige Anlagen. Geldmärkte, die Scharia sind 'Gegenwärtig gibt es keine kompatiblen Systeme, und es gibt kein Äquivalent zu einem islamischen Interbankenmarkt, auf dem die Banken beispielsweise Tagesgelder platzieren oder Kredite aufnehmen könnten, um einen Bedarf an temporärer Liquidität zu befriedigen. Obwohl die Verbriefung eines Pools von Leasingportfolios zur Entwicklung des Interbankenmarkts beitragen könnte, reicht das Volumen der durch die Verbriefung angebotenen Transaktionen möglicherweise nicht aus, um die Nachfrage zu befriedigen.

Islamische Finanzinstitute sind im Allgemeinen von geringer Größe und können es sich nicht leisten, erhebliche Mittel in Forschung und Entwicklung zu investieren. Sie sind nicht in der Lage, die Vorteile von Volkswirtschaften zu nutzen. Informelle Diskussionen mit Praktikern haben gezeigt, dass religiöse Gremien in technischen geringfügigen Angelegenheiten manchmal sehr rigide sind und die Einführung eines neuen Produkts schwierig und langwierig machen, was zu verpassten Geschäftsmöglichkeiten führt. Die Bedeutung des Financial Engineering sollten die islamischen Finanzinstitute ernsthaft in Erwägung ziehen, gemeinsame Anstrengungen zur Entwicklung der Basisinfrastruktur für die Einführung neuer Produkte zu unternehmen. Durch die kollektive Durchführung von Grundlagenforschung und -entwicklung können möglicherweise einige Kosten eingespart werden, die für den individuellen Aufbau dieser Infrastruktur erforderlich sind.Ein gutes Beispiel für eine solche kollektive Anstrengung wäre die Förderung von Forschung bei der

Entwicklung von Analysemodellen, Computersystemen und Instrumenten zur Analyse des Risikos und der Rendite verschiedener Instrumente. Financial Engineering ist ein Bereich, in dem islamische Finanzinstitute von erfahrenen westlichen Institutionen profitieren können, die technisch ausgefeilt sind und das richtige Produkt dem richtigen Kunden zur Verfügung stellen. Konventionelle Investmentbanken, die viel in die Infrastruktur für die Entwicklung neuer Produkte investiert haben, können für oder mit islamischen Finanzinstituten an der Entwicklung von Scharia-konformen Produkten arbeiten. (Chapra, 2007; Iqbal, 2007)Financial Engineering ist ein Bereich, in dem islamische Finanzinstitute von erfahrenen westlichen Institutionen profitieren können, die technisch ausgefeilt sind und das richtige Produkt dem richtigen Kunden zur Verfügung stellen. Konventionelle Investmentbanken, die viel in die Infrastruktur für die Entwicklung neuer Produkte investiert haben, können für oder mit islamischen Finanzinstituten an der Entwicklung von Scharia-konformen Produkten arbeiten. (Chapra, 2007; Iqbal, 2007)Financial Engineering ist ein Bereich, in dem islamische Finanzinstitute von erfahrenen westlichen Institutionen profitieren können, die technisch ausgefeilt sind und das richtige Produkt dem richtigen Kunden zur Verfügung stellen. Konventionelle Investmentbanken, die viel in die Infrastruktur für die Entwicklung neuer Produkte investiert haben, können für oder mit islamischen Finanzinstituten an der Entwicklung von Scharia-konformen Produkten arbeiten. (Chapra, 2007; Iqbal, 2007)

B. Risikomanagement und Diversifizierung:

Aufgrund begrenzter Ressourcen können sich islamische Banken oft keine kostenintensiven Management-Informationssysteme oder Technologien leisten, um Risiken zeitnah zu bewerten und zu überwachen. Aufgrund des schwachen Managements und des Fehlens geeigneter Risikoüberwachungssysteme ist das Risiko von islamischen Banken hoch.

Die Bereitstellung eines vielfältigeren Mixes von Finanzdienstleistungen oder die Verteilung von Risiken über einen größeren geografischen Bereich impliziert zumindest das Potenzial für eine bessere Diversifizierung, sodass derselbe Schutz vor finanziellen Problemen mit weniger Ressourcen erreicht werden kann. Für islamische Finanzinstitute könnte die geografische Ausdehnung der Einlegerbasis eine Diversifizierung auf der Passivseite erreichen. Die Diversifizierung auf der Aktivseite könnte die Streuung der Renditen verringern, die den Inhabern des Finanzintermediärs entstehen. Eine geografische und sektorale Diversifizierung auf der Aktivseite könnte auch die Konzentration der Finanzinstitute in einer Region oder einem Sektor aufbrechen und somit das Risiko reduzieren, indem weniger perfekt korrelierte Risiken entstehen.Die geografische Verteilung der Produkte kann dem Finanzintermediär weiter helfen, sein Kreditrisiko zu verbessern, indem er die Kreditnehmer mit der besten Kreditwürdigkeit auswählt und diejenigen mit der schwächsten Bank vermeidet. Mit der Diversifizierung könnten islamische Banken die Laufzeitgrenze verlängern.

Islamische Finanzintermediäre müssen ein angemessenes Risikomanagement nicht nur für ihr eigenes Portfolio, sondern auch für das ihrer Kunden einführen. Diversifikation und Risikomanagement hängen eng mit dem Grad der Unvollständigkeit des Marktes zusammen. In sehr unvollständigen Märkten sind Finanzintermediäre besser in der Lage, Diversifizierung und Risikomanagement für den Kunden bereitzustellen, da sich die Verantwortung für die Risikodiversifizierung von den Anlegern auf den Finanzintermediär verlagert, was als besseres interertemporales Risikomanagement betrachtet wird. Islamische Finanzinstitute müssen unverzüglich Schritte unternehmen, um eine Infrastruktur zu entwickeln, mit der geeignete Maßnahmen, Kontrollen und Risikomanagement umgesetzt werden, und innovative Instrumente zur gemeinsamen Nutzung, zum Transfer,und das finanzielle Risiko mindern, damit sich Unternehmer auf das konzentrieren können, was sie am besten können: das Management von Geschäftsrisiken, bei denen sie einen komparativen Vorteil haben.

Schließlich müssen die islamischen Finanzinstitute nicht nur die Bedeutung des Finanzrisikos und seines Managements, sondern auch des operationellen Risikos erkennen, das sich aus dem Versagen von Kontrollen und Prozessen ergibt. Derzeit besteht ein schwerwiegender Mangel an Risikokultur und Sponsoring des aktiven Risikomanagements auf Unternehmensebene. (Chapra, 2007; Iqbal, 2007)

C. Nichtbanken-Finanzdienstleistungen:

Für weiteres Wachstum sollte die Rolle der Intermediation über ihre traditionelle Aufstellung hinaus erweitert werden. Es ist insbesondere erforderlich, den Umfang und das Spektrum der angebotenen Finanzdienstleistungen zu erweitern, ähnlich wie das Konzept eines "Supermarkts für Finanzprodukte". Ein solcher Supermarkt würde als "All-in-Bank" fungieren und alle Arten von Finanzdienstleistungen abdecken . In dieser Funktion würde die islamische Bank als zentrale Anlaufstelle für verschiedene Arten von Kunden fungieren, von Privatpersonen über Institutionen bis zu vermögenden Privatkunden und Unternehmen, die Produkte anbieten, die ihrer Investition, Kreditaufnahme und ihrem Risikomanagement dienen und Wealth-Management-Bedürfnisse. Eine solche Institution würde beispielsweise Privatkunden bedienen, Anlageportfolios verwalten und verschiedene Dienstleistungen für Firmenkunden anbieten. Zur gleichen Zeit, wie ein Broker,Der Supermarkt für Finanzprodukte wäre ein Einzelhandelsunternehmen, das Vermögenswerte verwaltet und Zahlungs- und Abwicklungsdienste anbietet. Die meisten islamischen Banken sind nicht ausreichend ausgestattet, um typische Investmentbanking-Dienstleistungen wie Underwriting, Garantien, Marktforschung und gebührenorientierte Beratungsdienste bereitzustellen. Die Verfeinerung und Entwicklung von kostenpflichtigen Diensten würde die Funktionalität islamischer Finanzdienstleistungen verbessern. Gebührenbasierte Verträge wie Joalah, Wakalah und Kifalah erfordern eine Weiterentwicklung, wenn sie anerkannt und operationalisiert werden sollen, um die vollen Möglichkeiten islamischer Banken auszuschöpfen (Chapra, 2007; Iqbal, 2007).Marktforschung und gebührenorientierte Beratung. Die Verfeinerung und Entwicklung von kostenpflichtigen Diensten würde die Funktionalität islamischer Finanzdienstleistungen verbessern. Gebührenbasierte Verträge wie Joalah, Wakalah und Kifalah erfordern eine Weiterentwicklung, wenn sie anerkannt und operationalisiert werden sollen, um die vollen Möglichkeiten islamischer Banken auszuschöpfen (Chapra, 2007; Iqbal, 2007).Marktforschung und gebührenorientierte Beratung. Die Verfeinerung und Entwicklung von kostenpflichtigen Diensten würde die Funktionalität islamischer Finanzdienstleistungen verbessern. Gebührenbasierte Verträge wie Joalah, Wakalah und Kifalah erfordern eine Weiterentwicklung, wenn sie anerkannt und operationalisiert werden sollen, um die vollen Möglichkeiten islamischer Banken auszuschöpfen (Chapra, 2007; Iqbal, 2007).

D. Entwicklung der Kapitalmärkte:

Als Reaktion auf die derzeitige Welle der Öleinnahmen und die wachsende Nachfrage nach Scharia-konformen Produkten expandieren die islamischen Kapitalmärkte mit zunehmendem Tempo, und die Stakeholder beginnen, ihr Potenzial zu erkennen. Die Entwicklung einer institutionellen Infrastruktur wie Rechnungslegungsstandards und Aufsichtsbehörden ist ein Schritt in die richtige Richtung. Der Markt braucht jedoch die Regierungen der Gastländer, um eine starke Führung und konstruktive politische Maßnahmen zu ergreifen.

Gut entwickelte islamische Kapitalmärkte werden nicht nur Kreditnehmern und institutionellen Anlegern zugute kommen, sie können auch die Stabilität der islamischen Banken verbessern und ihnen ein besseres Portfolio, Liquiditäts- und Risikomanagement-Instrumente bieten. Letztendlich werden diese Entwicklungen dazu beitragen, die islamischen Finanzmärkte sowie die Institutionen, die sie bilden, in das allgemeinere internationale Finanzsystem zu integrieren.

Auf der Angebotsseite ist das Volumen islamischer Investitionen mit einer Vorliebe für Scharia-konforme Instrumente zu einer kritischen Masse gewachsen, die einen gut funktionierenden und effizienten Kapitalmarkt unterstützen kann. Es entwickelt sich zu einem wirklich internationalen Markt. Nicht nur Kreditnehmer mit hohem Rating wie die multilateralen Entwicklungsbanken (zum Beispiel die Weltbank), sondern auch Kreditnehmer aus Entwicklungsländern mit niedrigerer Kreditwürdigkeit wie Pakistan haben in diesem Markt ein beträchtliches Volumen an Mitteln aufgebracht.

Zu diesen Institutionen gehören das IFSB, AAOIFI, das Liquidity Management Center, die internationalen islamischen Finanzmärkte und die internationale islamische Ratingagentur. Auf der Nachfrageseite werden die Länder der Entwicklungsländer, insbesondere die Länder mit mittlerem Einkommen, im nächsten Jahrzehnt ein erhebliches Volumen an Infrastrukturinvestitionen benötigen. Allein für Indonesien sind jährlich zusätzliche Infrastrukturinvestitionen in Höhe von 5 Milliarden US-Dollar (2 Prozent des BIP) erforderlich, um ein mittelfristiges Wachstumsziel von 6 Prozent zu erreichen. Da die inländischen Kapitalmärkte dieser Kreditnehmer häufig zu flach sind, um ihren großen Investitionsbedarf zu decken, müssen sie auf externe Finanzierungsquellen zugreifen.

Darüber hinaus äußern muslimische Interessengruppen in Ländern mit mittlerem Einkommen ihre Präferenz für eine Scharia-konforme Finanzierung. Im Gegenzug müssen Finanzintermediäre, darunter auch Geschäfts- und Investmentbanken des privaten Sektors sowie Institutionen für die Entwicklungsfinanzierung, den "nichtfinanziellen" Bedürfnissen ihrer Kunden mehr Aufmerksamkeit widmen.

Für die multilateralen Entwicklungsbanken ist die Entwicklung der islamischen Kapitalmärkte ein hochrelevantes Thema. Erstens sind multilaterale Entwicklungsbanken stark in die Infrastrukturfinanzierung eingebunden und interessieren sich natürlich für den islamischen Kapitalmarkt als neue und alternative Finanzierungsquelle. Zweitens können multilaterale Entwicklungsbanken ein neues Modell für die internationale Zusammenarbeit schaffen, indem sie die auf den islamischen Finanzmärkten verfügbaren Mittel, die zumeist in Ländern mit hohem Sparpotenzial wie den Ländern des Golfkooperationsrates und Malaysia angesiedelt sind, zur Finanzierung von Investitionen in Entwicklungsländern einsetzen gleichzeitig auf die Stimmen der Stakeholder auf beiden Seiten eingehen. Dritte,Multilaterale Entwicklungsbanken können die Finanzstabilität fördern, indem sie die Entwicklung der islamischen Kapitalmärkte fördern und den Impuls für die Integration der islamischen Finanzmärkte in das internationale Finanzsystem geben.

In naher Zukunft Strukturen wie Ijara (ein Pachtvertrag) und Murabaha (ein Kosten-Plus-Kaufvertrag, der zum Kauf von Rohstoffen verwendet wird), der Anlegern eine vorbestimmte Rendite sowie den vollständigen Rückgriff auf den Schuldner bietet, wird wahrscheinlich mehr Marktpotenzial als andere Strukturen haben. Dies wird in erster Linie durch die Präferenzen der Anleger getrieben. Ein großer Teil der potenziellen Kreditnehmer wird es vorziehen, ihre Kreditkosten einzubeziehen, anstatt reine Gewinnbeteiligungspläne zu betreiben. Während die Zukunft vielversprechend erscheint, stehen einige Hindernisse bevor, und Marktteilnehmer und Aufsichtsbehörden müssen konkrete Schritte unternehmen, um den Marktstart zu unterstützen. Zunächst und vor allem erfordert die Marktentwicklung ein starkes Sponsoring und eine starke Führung der Regierung des Gastlandes, insbesondere in rechtlichen und regulatorischen Fragen. Zum Beispiel für eine Ijara Transaktion geht der Eigentümer des Betriebsvermögens eine Leasingtransaktion ein. Während der Eigentümer des Betriebsvermögens häufig die Regierung selbst oder verwandte öffentliche Stellen ist, können die einschlägigen Gesetze und Vorschriften des Gastlandes diesen Einrichtungen nicht die Verpfändung oder das Leasing von Vermögenswerten gestatten, die zur Strukturierung einer Ijara- Transaktion erforderlich sind. Dies ist ein grundlegender Punkt. Die politischen Maßnahmen des Gastlandes sind eine wichtige Voraussetzung für die weitere Marktentwicklung.

Darüber hinaus müssen Kreditnehmer, Investoren und Intermediäre den Markt geduldig pflegen. Islamische Transaktionen sind häufig weniger kosteneffizient als herkömmliche Anleihen. Für jede neue Emission fallen höhere Rechts- und Dokumentationskosten sowie Vertriebskosten an, da neben der Beurteilung der Kreditwürdigkeit des Schuldners auch die strukturelle Robustheit geprüft wird. Da sich die auf den islamischen Kapitalmärkten verfügbaren Konditionen hauptsächlich aus den Preisniveaus der liquideren konventionellen Anleihemärkte ergeben, gibt es keinen inhärenten Kostenvorteil für Kreditnehmer, die islamische Märkte erschließen. Kreditnehmer müssen daher eine umfassende, langfristige und strategische Sichtweise aufstellen, um die Gesamtkosten für die Erschließung islamischer Märkte zu reduzieren, anstatt sich auf eine einzige Transaktion zu konzentrieren.Anleger können die Marktentwicklung unterstützen, indem sie ihre Vorliebe für Scharia-konforme Instrumente ausdrücken, und zwar in ihren Angebotspreisen. Intermediäre können den Prozess anführen, möglicherweise durch eine weitere Standardisierung der Transaktionspläne und -instrumente (Chapra, 2007; Iqbal, 2007).

E. Soziale Verantwortung von Unternehmen im Islam

Corporate Social Responsibility (CSR) ist ein Konzept, das weltweit auf sich aufmerksam gemacht hat und in der globalen Wirtschaft neue Resonanz gefunden hat. Das zunehmende Interesse an CSR in den letzten Jahren ist auf das Aufkommen der Globalisierung und des internationalen Handels zurückzuführen, die sich in einer zunehmenden Komplexität der Unternehmen und neuen Anforderungen nach mehr

Transparenz und unternehmerischer Bürgerschaft niederschlagen. Während die Regierungen traditionell die alleinige Verantwortung für die Verbesserung der Lebensbedingungen der Bevölkerung übernommen haben, haben die Bedürfnisse der Gesellschaft die Möglichkeiten der Regierungen, diese zu erfüllen, übertroffen. In diesem Zusammenhang konzentriert sich der Fokus zunehmend auf die Rolle der Unternehmen in der Gesellschaft, und progressive Unternehmen versuchen, sich durch CSR-Engagement zu differenzieren. (Jamali & Mirshak, 2007)

Soziale Verantwortung von Unternehmen CSR ist eine Idee, die sich ständig weiterentwickelt, da die Unternehmen der sie umgebenden Gemeinschaft immer mehr bewusst sind. CSR umfasst die Verpflichtung eines Unternehmens gegenüber der Gesellschaft über die reine Gewinnmaximierung hinaus. CSR wurde vor Ende der 70er Jahre von Unternehmen nicht ernst genommen und manchmal verspottet. Die Änderung des Ansatzes in Bezug auf CSR kann zum Teil auf den Erlass neuer Gesetze zurückgeführt werden, durch die viele Regulierungsbehörden in diesem Zeitraum entstanden sind. Die neuen Rechtsvorschriften gaben den Unternehmen einen zusätzlichen Anreiz, CSR in angemessener Höhe mit fiskalischen Mitteln zu belegen, anstatt strengen staatlichen Vorschriften zu unterliegen. Die Einstellung gegenüber CSR änderte sich

Ende der 1990er Jahre drastisch, da CSR nun eine Mainstream-Idee ist, die von verschiedenen Facetten der Gesellschaft gefördert wird, von Unternehmen bis zu Regierungen. (Brown, 2013)

Die soziale Verantwortung von Unternehmen (Corporate Social Responsibility, CSR) ist in den letzten dreißig Jahren enorm gewachsen, und die meisten Unternehmensverbände fühlen sich wohltätig. Die Unternehmensorganisationen, die gemeinnützige Spenden betreiben und das äußerst wettbewerbsintensive Umfeld der neunziger Jahre widerspiegeln, wurden als "strategische Wohltätigkeit" bezeichnet. Dabei geht es um Unternehmensspenden, die zwei Zwecken dienen: Geld für gemeinnützige Zwecke einzubringen, gleichzeitig den finanziellen Gewinn des Unternehmens zu fördern und die geschäftspolitische Legitimität zu steigern. "Strategische Nächstenliebe" ist zu einer anerkannten Praxis geworden, die es einem Unternehmen ermöglicht, altruistische Impulse zu erfüllen, die sich für wohltätige Zwecke einsetzen, während es unter dem Strich steht.Auf diese Weise sind die Investitionen der Unternehmen in die Gemeinschaft durch die Ziele von CSR-Programmierern und Unternehmensorganisationen entstanden manchmal kümmern Nachbarn durch ihre philanthropischen Verantwortung Programmierer . Pure Charity befasst sich mit der Unterstützung von Bildung, Kunst und Kultur, Gesundheits- und Sozialdiensten, bürgerlichen und kommunalen Projekten. "Strategische Wohltätigkeit" kombiniert reine Philanthropie und Sponsoring mit Programmierern , die direkt oder indirekt mit Geschäftszielen verbunden sind. Eine der Eigenschaften der "strategischen Wohltätigkeitsorganisation" ist das gemeinsame Sponsoring von Programmierern eines oder mehrerer Unternehmen, die durch gezielte Stiftungsstiftungen zur Optimierung des

Wohltätigkeitswertes eingesetzt werden. (Hassan & Latiff, 2009)

In den letzten 50 Jahren haben Wirtschaftsethiker und Managementtheoretiker große Anstrengungen unternommen, um die Beziehung zwischen Unternehmen und Gesellschaft zu durchdenken. Diese Ethiker entwickelten Modelle, die modifiziert oder kompromittiert werden konnten, um den sich entwickelnden sozialen Interessen Rechnung zu tragen. Im Allgemeinen gibt es sechs wichtige ethische Modelle, die jetzt das ethische Denken dominieren und zum Konzept der sozialen Verantwortung von Unternehmen führen. Diese können wie folgt zusammengefasst werden: (Mohammed, 2007)

1. Relativismus - Ethische Entscheidungen werden auf der Grundlage von Eigeninteressen und Bedürfnissen getroffen und schließen jegliche Interaktion mit oder Eingaben von außen aus.

2. Utilitarismus - Ethische Entscheidungen werden auf der Grundlage von Kosten und Nutzen getroffen. Utilitarismus wird im Allgemeinen als ergebnisorientiert betrachtet. Was für die Mehrheit gut ist, gilt als ethisch.

3. Universalismus - Ethische Entscheidungen betonen die Absicht der Entscheidung oder des Handelns (Pflicht). Jeder unter ähnlichen Umständen sollte ähnliche Entscheidungen treffen.

4. Rechte - Ethische Entscheidungen betonen einen einzigen Wert - die Freiheit - und basieren auf individuellen Rechten (individuellen Ansprüchen), die die Wahlfreiheit gewährleisten.

5. Verteilungsgerechtigkeit - Ethische Entscheidungen drehen sich um einen einzigen Wert - Gerechtigkeit. Um als ethisch betrachtet zu werden, sollten Entscheidungen und Handlungen eine gerechte Verteilung von Wohlstand und Nutzen gewährleisten (Fairness und Gleichheit).

6. Ewiges Gesetz - Ethische Entscheidungen werden auf der Grundlage des ewigen Gesetzes getroffen, das in der Schrift offenbart wird.

Diese ethischen Modelle bieten einen Hintergrund für das Konzept der sozialen Verantwortung von Unternehmen. Es wurden Anstrengungen unternommen, um ethisches Verhalten im Hinblick auf die Geschäftspraktiken von Unternehmen in der Gesellschaft zu konzeptualisieren. Ein Großteil dieser Arbeit konzentrierte sich insbesondere darauf, die Verantwortlichkeit von Unternehmen für die Gesellschaft und die Konsequenzen damit zusammenhängender Handlungen oder Untätigkeiten zu untersuchen.

In der CSR-Literatur werden mehrere Triebkräfte für den wachsenden Trend zu CSR-Initiativen identifiziert: (Wajdi Dusuki, 2008)

1 Es gibt einen wachsenden Marktdruck, bei dem Kunden, Mitarbeiter oder Kapitalmärkte Präferenzen, Druck

oder Signale ausüben. Neben den traditionellen Preis- und Markenpräferenzen wurden auch soziale und ethische Themen zunehmend beachtet und die Marktentwicklung beeinflusst. Das Wachstum der ethischen Investmentbranche ist ein weiterer Indikator dafür, wie viel Gewicht die Menschen jetzt offensichtlich auf das soziale und ethische Verhalten von Unternehmen legen.

2 Es besteht ein zunehmender regulatorischer Druck, der von Berichtspflichten bis zu staatlichen Vorschriften reicht, die verbindliche Geschäftsstandards einführen, an die sich Unternehmen jeder Größe halten müssen.

3. Die zunehmende Kommunikationsstärke (z. B. Internet, elektronische Medien und andere) hat Verbraucher und Interessengruppen wie soziale Aktivisten, Nichtregierungsorganisationen (NGOs) und Gewerkschaften dazu veranlasst, die Aktivitäten von Unternehmen wirksamer zu hinterfragen und Strategien zu entwickeln, die die Unternehmen beeinflussen können sozial verantwortlich handeln.

4 Es gibt einen Wettbewerbsvorteil, von dem die Unternehmen glauben, dass sie mit sozialer Verantwortung ernten können. Sie sehen voraus, dass sie durch eine effektive Kommunikation über ihre sozialen, ökologischen und wirtschaftlichen Beiträge ihre Marke stärken, ihren Ruf bei Kunden und Lieferanten stärken und engagierte und qualifizierte Arbeitskräfte gewinnen und halten können. Aus der vorhandenen Literatur geht hervor, dass die Verpflichtung zu CSR wiederum zu einer besseren Leistung in Bezug auf

Rentabilität, Wettbewerbsfähigkeit und Risikomanagement führen wird.

Der Einfluss des Islam auf Geschäftspraktiken ist im Heiligen Qur'an und in der Sunnah , den Hauptquellen der Geschäftsethik im Islam, gut dokumentiert . Islamische Unternehmenswerte wie Gerechtigkeit, sozioökonomische Maßnahmen, menschliches Wohlbefinden, Ehrlichkeit usw. werden im Islam als Kern von CSR betrachtet. Islamische Finanzinstitutionen (IFI) gelten als ethisch identifizierbar und haben unterschiedliche soziale und wirtschaftliche Ziele, da die Gründung ihres Unternehmens auf Religion basiert (Ali Aribi & Gopinath Arun, 2012; Haniffa & Hudaib, 2007; Maali, Casson) & Napier, 2006)

Das allgemeine Ziel der IFI besteht darin, zur Entwicklung der Wirtschaft innerhalb der Grenzen des Islam beizutragen. Im Rahmen der Scharia (islamisches Recht) wird erwartet, dass sich die IFIs von einer islamischen wirtschaftlichen Weltanschauung leiten lassen, die auf dem Prinzip der sozialen Gerechtigkeit und des Wohlergehens der Gesellschaft basiert. (Wajdi Dusuki, 2008)

Das islamische Finanzinstitut (IFI) ist wie jedes andere herkömmliche Finanzinstitut, das als Vermittler zwischen Geldgebern und Fondsnutzern fungiert. Der einzige Unterschied besteht darin, dass die Transaktionen und Verträge eines IFI dem islamischen Recht entsprechen müssen.

Das wachsende Bewusstsein und die Nachfrage nach Investitionen gemäß den islamischen ethischen Grundsätzen auf globaler Ebene waren Katalysator für die Entwicklung des islamischen Bank- und Finanzsystems als florierende Industrie. Dies spiegelt auch den zunehmenden Wohlstand und die Fähigkeit von muslimischen und nicht muslimischen Investoren wider, neue Anlageprodukte zu suchen und in diese zu investieren, die ihren Bedürfnissen entsprechen. Die islamischen Finanzinstitute (IFIs) verdienen Gewinne, während die anderen Unternehmen Gewinne erzielen. Viele Leute sagen, dass IFIs "strategische Wohltätigkeitsaktivitäten" hätten einschließen sollen. Das Geschäft der IFI, einschließlich der islamischen Banken, basiert auf den Prinzipien der Scharia, nach denen die IFI mit sozialer Verantwortung handeln müssen (Hassan & Latiff, 2009).

Im Rahmen der internationalen Finanzinstitutionen hat der Verband der Rechnungslegungs- und Wirtschaftsprüfungsorganisation für islamische Finanzinstitute (AAOIFI) spezifische Standards zu CSR erlassen, die als Governance-Standards Nr. 7 bekannt sind: Soziale Verantwortung von Unternehmen, Verhalten und Offenlegung für internationale Finanzinstitute. Nach dem (AAOIFI) bezieht sich Corporate Social Responsibility (CSR) für IFIs auf alle Aktivitäten, die ein IFI zur Erfüllung seiner religiösen, wirtschaftlichen, rechtlichen, ethischen und diskretionären Pflichten als Finanzintermediäre für Einzelpersonen und Institutionen ausführt übergeordnete Verpflichtung der IFI, die Gesetze des Islam in all ihren Geschäften und Operationen zu befolgen. Wirtschaftliche Verantwortung bezieht sich auf die Verpflichtung der islamischen Banken, finanziell tragfähig, rentabel und effizient zu sein.Die rechtliche Verantwortung bezieht sich auf die Verpflichtung der IFI, die Gesetze und Bestimmungen des Einsatzlandes zu respektieren und zu befolgen. Ethische Verantwortung bezieht sich auf die Verpflichtung der IFI, die Masse der gesellschaftlichen, religiösen und gewohnheitsmäßigen Normen zu respektieren, die nicht gesetzlich festgelegt sind. Diskretionäre Verantwortung bezieht sich auf die Erwartung von Stakeholdern, dass IFI eine soziale Rolle bei der Umsetzung der islamischen Ideale über die religiösen, wirtschaftlichen, rechtlichen und ethischen Verantwortlichkeiten spielen werden. (AAOIFI, nd)Diskretionäre Verantwortung bezieht sich auf die Erwartung von Stakeholdern, dass IFI eine soziale Rolle bei der Umsetzung der islamischen Ideale über die religiösen, wirtschaftlichen, rechtlichen und ethischen Verantwortlichkeiten spielen werden. (AAOIFI, nd)Diskretionäre Verantwortung bezieht sich auf die Erwartung von Stakeholdern, dass IFI eine soziale Rolle bei der Umsetzung der islamischen Ideale über die religiösen, wirtschaftlichen, rechtlichen und ethischen Verantwortlichkeiten spielen werden. (AAOIFI, nd)

In der Tat die Gründerväter der heutigen Zeit Die islamische Finanzierung stimmte mit der Ansicht überein, dass die IFI, wie jede andere "islamische" Institution, ein höheres Gefühl für soziale Verantwortung haben. Dies bedeutet jedoch nicht, dass IFIs zu wettbewerbsfähigen und unrentablen gemeinnützigen Organisationen werden, die nur zur Erreichung sozialer Entwicklungsziele eingesetzt werden. Dies bedeutet eine Änderung der Denkweise islamischer Bankiers, um soziale Entwicklungsziele gewinnbringend in ihr Anlageportfolio zu integrieren. Da mehr Investmentinhaber, Aktionäre und allgemeine Interessenvertreter die dem islamischen Wirtschaftssystem zugrunde liegenden Ziele vollständig verstehen, wird es immer wichtiger sein, zu wissen, inwieweit ihre lokalen IFI diese sozialen Ziele erfüllen. Deshalb,Der IFI, der sich umfassend in CSR engagiert und durch Offenlegung zeigt, dass er umfassend in CSR involviert ist, wird leichter die Legitimität bestimmter Interessengruppen (insbesondere der an den IFI-CSR-Aktivitäten interessierten) und letztendlich ihre Loyalität verdienen. Dies ist an sich schon ein Wertversprechen für IFI, die ihre Kunden aufgrund des nicht preislichen Wettbewerbs binden möchten. Dies bedeutet jedoch nicht, dass IFI aufgrund ihrer Verantwortung die soziale Verantwortung von Unternehmen umsetzen sollten langfristiger wirtschaftlicher Nutzen. Während rentable wirtschaftliche Institutionen von Gewinnanreizen angetrieben werden müssen, ist es bei IFIs nicht ihre einzige Priorität und sicherlich nicht der einzige Grund für sie, soziale Verantwortung der Unternehmen umzusetzen. Jede Vorstellung, dass IFI oder eine andere Institution, die behauptet, islamisch zu sein, sozial verantwortlich sein sollte, muss ihre Rechtfertigung aus den islamischen Gesetzen und Prinzipien herleiten, die im Koran und in der Sunnah des Propheten des Islam enthalten sind. Muhammad (PBUH). Ohne diese ultimative Legitimationsquelle gibt es keinen Grund für ein Handeln. (Farook 2007)

ICSR leitet sich aus den Grundprinzipien des Heiligen Korans ab. Die drei wichtigsten Grundprinzipien von ICSR sind die Eroberung der Menschheit auf Erden, die göttliche Rechenschaftspflicht und die Pflicht der Menschheit, das Gute zu fordern und das Böse zu verbieten. (Farook 2007)

Gemäß

F. Fürsorge

Das Prinzip der Ernennung besagt, dass die Menschheit Allah auf Erden vertritt und als solche Allah die Menschheit mit der Führung von Allahs Besitz betraut.

G. Göttliche Rechenschaftspflicht

Das Prinzip der göttlichen Rechenschaftspflicht leitet sich aus dem Prinzip der Vizepräsidentschaft ab und besagt, dass Personen gegenüber Allah für alle ihre Handlungen am Tag des Gerichts verantwortlich sein werden. Dieses Prinzip wird in mehreren Versen des Heiligen Koran dargelegt. Diese göttliche Rechenschaftspflicht ist die Grundlage für alle Handlungen eines Muslims und wiederum der repräsentativen Organisationen der Muslime.

H. Das Gute befürworten und das Böse verbieten

Das Prinzip, das Gute zu verbieten und das Böse zu verbieten, enthält die Verantwortlichkeiten, die Allah den Muslimen als Treuhänder und Stellvertreter auferlegt.

Diese Verantwortung ist überwältigend und umfasst alle Aspekte des Lebens eines Muslim. Sie umfasst ein Rezept für positive (zulässige und empfohlene) Handlungen und ein Rezept gegen negative (unzulässige und nicht empfohlene) Handlungen. IFIs haben ihren operativen Status im Allgemeinen durch Vermeidung negativer Maßnahmen sichergestellt. Ihr Ansatz für positive Maßnahmen wurde jedoch aufgrund mangelnder Standards in der Region variiert.

Die Kombination dieser Prinzipien bedeutet eine göttliche Rechenschaftspflicht für jeden Muslim, um Gutes und Gerechtigkeit zu verbieten und Böses und Ungerechtigkeit zu verbieten. Diese Grundprinzipien bilden daher die Grundlage der individuellen sozialen Verantwortung.

Milton Friedman ist einer der Architekten der Bewegung gegen soziale Verantwortung. Er schreibt, was viele als die wegweisende Arbeit betrachten, die CSR und die Unternehmen, die ihre CSR-Zeugnisse fördern, als herabwürdig betrachtet. (Milton Friedman, 1962, 1982; Milton Friedman, 13. September, 1970)

Friedmans Einwand gegen CSR war zweifach. (Moon, 2011) Erstens argumentierte er, dass Manager gegenüber den Inhabern des Unternehmens rechenschaftspflichtig seien und , sofern sie nichts anderes signalisierten , die Annahme lautete, dass die Eigentümer dies wollten

Gewinne des Unternehmens maximiert werden . Die Folge ist, dass für Friedman CSR ein Nettoaufwand ist, der dem Unternehmen keinen positiven Nutzen bringt.

Erstaunlicherweise fügte er hinzu, dass Unternehmen zwar Investitionen in die Gemeinschaft tätigen könnten, aber wenn diese Vorteile für das Unternehmen hätten (z. B. Loyalität der Mitarbeiter, Produktivität), sollten sie nicht als CSR betrachtet werden. Die Schlussfolgerung hier ist, dass Friedman soziale und private Interessen nicht als potentiell konform betrachtet hat, sondern dass sie dichotom sind. Dies wird genommen wird später in dem Papier unter der Überschrift, die , Vergesellschaftung der Märkte'.

Zweitens argumentierte Friedman, dass CSR in das richtige Terrain der (demokratischen) Regierung eingedrungen sei und die Manager weder in der Behandlung politischer Fragen geschult wurden und daher nicht über entsprechendes Fachwissen verfügen, noch für politische Fragen verantwortlich sind. In beiden Fällen wird der Gegensatz zu den Gesetzgebern und Staatsbeamten gemacht, von denen er beide weiß, dass sie über Sachverstand verfügen und ordnungsgemäß rechenschaftspflichtig sind. Kurz gesagt, Friedman (1970) bietet an

eine weitere Dichotomie, in diesem Fall zwischen der Arbeit der Regierung und der Geschäftswelt.

F. Unternehmensführung in der islamischen Finanzwirtschaft

Corporate Governance zielt darauf ab, den Instituten ein Regelwerk und Regeln zu geben, um sicherzustellen, dass bewährte Verfahren das Gesamtmanagement einer Institution bestimmen. Inzwischen ist damit der gesamte Prozess der Unternehmensführung und die Anreizstruktur gemeint, um Principal-Agent-Probleme anzugehen und sicherzustellen, dass die Geschäftsführung den langfristigen besten Interessen der Aktionäre dient und nachhaltig ist

Wert des Unternehmens in Übereinstimmung mit den Gesetzen und der Ethik des Landes. Alle komplexen Faktoren, die für den Ausgleich der Macht zwischen dem Chief Executive Officer (CEO), dem Verwaltungsrat und den Aktionären erforderlich sind, werden nun als Teil des Unternehmens betrachtet

Governance-Rahmen, einschließlich Wirtschaftsprüfung, Offenlegung von Bilanz und Off-Balance sowie Transparenz (Saidi, 2008)

Wenn islamische Finanzinstitutionen ihren Kunden glaubwürdig sein sollen, müssen sie formalisiert sein System, um sicherzustellen, dass alle ihre Aktivitäten der Scharia entsprechen. Was genau ein effektives Scharia-Regierungssystem ausmacht, ist jedoch umstritten. Aus der Untersuchung der Erfahrungen verschiedener Länder und Institutionen geht hervor, dass es verschiedene Systeme gibt. Dieser pluralistische Ansatz hat Vorteile, da die rechtlichen Rahmenbedingungen, unter denen islamische Finanzinstitute tätig sind, nicht nur hinsichtlich des Status der Scharia, sondern auch davon abhängig sind, ob die Länder das gemeinsame Recht oder das Zivilrecht anwenden. Darüber hinaus unterscheiden sich die Erwartungen der Kunden hinsichtlich einer akzeptablen und effektiven Governance der Scharia, und wie aus dieser Studie hervorgeht, sind die meisten derzeit eingesetzten Systeme eher vom Markt als vom Staat bestimmt. In der Tat war die Scharia-Regierung im Bereich der islamischen Finanzen weitgehend privatisiert statt verstaatlicht . Die Glaubwürdigkeit von Finanzinstituten bei ihren Kunden wurde durch die Finanzkrise von 2008 unterstrichen, als einige herkömmliche Finanzinstitute mit Einlagen konfrontiert waren. Viele herkömmliche Finanzinstitute stellten fest, dass sie das Vertrauen anderer Banken verloren hatten, und konnten sich daher nicht mehr auf den Interbankenmarkt zur Finanzierung verlassen. Nur mit einem Shari'ah-Board zu arbeiten, bietet natürlich keine Immunität gegen Liquiditätskrisen oder die Überwindung der mit der Kreditkrise verbundenen Schwierigkeiten, aber es fiel auf, dass islamische Banken in vielen Ländern besser abschneiden als ihre herkömmlichen Kollegen. (Wilson, 2009)

Dies war auf zwei Faktoren zurückzuführen, die positiv mit der Regierung der Scharia zusammenhängen. Erstens müssen sich islamische Banken bei ihrer Finanzierung auf Einleger und nicht auf Kreditaufnahmen zwischen Banken verlassen, was sie vor der Kreditkrise immunisiert. Ihre Fähigkeit, diese Gelder weiterhin nutzbar zu machen, hängt jedoch von der Wahrnehmung des Einlegers von der Integrität des Scharia-Regierungssystems ab. Zweitens könnten islamische Banken keine Vermögenswerte halten, die sich letztendlich als giftig erweisen würden, beispielsweise durch Kreditderivate-Swaps oder besicherte Schuldverschreibungen, da diese Vermögenswerte nicht mit der Scharia konform sind und ihre Übernahme von keinem Scharia-Vorstand genehmigt worden wäre.

Mit anderen Worten, obwohl die Verwaltung von Kredit-, Liquiditäts-, operationellen und sonstigen Risiken in der Verantwortung des Verwaltungsrats einer islamischen Bank und nicht des Scharia-Vorstands liegt, hindert eine gute Scharia-Regierung den Finanzinstituten daran, sich selbst zu schädigen. Im Wesentlichen wurde diese Finanzkrise, wie auch andere zuvor, durch menschliche Gier und unkontrollierte Exzesse verursacht. Ein solches Verhalten hat keinen Platz in der islamischen Finanzwelt, und es ist eine effektive Scharia-Regierung, die Mäßigung und Gerechtigkeit bei Finanztransaktionen fördert.

Das Agenturproblem entsteht aufgrund der Beziehung zwischen den Inhabern und der Geschäftsführung. Der Skandal in der Unternehmensführung hat die Wissenschaftler dazu gebracht, die Unternehmensführung auf der Grundlage der Problemlösungsperspektive oder der Perspektive der Unternehmensangelegenheiten zu definieren. Die meisten Definitionen besagen außerdem, dass der interne Governance-Mechanismus den Verwaltungsrat und die Eigentümerstruktur einschließt, während der externe die Markt- und Rechtsordnung übernimmt.

Die Regierungen der 30 OECD-Länder haben einer überarbeiteten Fassung der Corporate Governance-Grundsätze der OECD zugestimmt und neue Empfehlungen für bewährte Praktiken im Verhalten von Unternehmen hinzugefügt, um das Vertrauen der Öffentlichkeit in Unternehmen und Aktienmärkte wiederherzustellen und zu erhalten.

Die überarbeiteten Grundsätze entsprechen einer Reihe von Problemen, die das Vertrauen der Anleger in die Unternehmensführung in den letzten Jahren untergraben haben. Sie fordern die Regierungen dazu auf, wirklich wirksame regulatorische Rahmenbedingungen zu gewährleisten und die Unternehmen selbst zur Rechenschaft zu ziehen. Sie befürworten ein verstärktes Bewusstsein bei institutionellen Anlegern und eine effektive Rolle der Aktionäre bei der Vergütung von Führungskräften. Sie fordern auch verstärkte Transparenz und Offenlegung, um Interessenkonflikten entgegenzuwirken.

Corporate Governance zielt darauf ab, den Instituten ein Regelwerk und Regeln zu geben, um sicherzustellen, dass bewährte Verfahren das Gesamtmanagement einer Institution bestimmen. Inzwischen ist der gesamte Prozess der Unternehmensführung und die Anreizstruktur gemeint, um Principal-Agent-Probleme anzugehen und sicherzustellen, dass die Geschäftsführung den langfristigen besten Interessen der Aktionäre und dem nachhaltigen Wert des Unternehmens im Einklang mit den Gesetzen und den USA dient Ethik des Landes. Alle komplexen Faktoren, die für den Ausgleich der Macht zwischen dem Chief Executive Officer (CEO), dem Verwaltungsrat und den Anteilseignern erforderlich sind, werden nun als Teil des Corporate-Governance-Rahmens betrachtet, einschließlich Prüfung, Bilanz und Offenlegung und Transparenz.

Corporate Governance bezieht sich daher auf die Methode, mit der ein Unternehmen geleitet, verwaltet und kontrolliert wird. Es beinhaltet die Gesetze und Gebräuche, die sich auf diese Richtung auswirken, sowie die Ziele, für die es gilt. Mechanismen, Anreize und Kontrollen der Unternehmensführung sollen die Ineffizienzen verringern, die sich aus Moral Hazard und nachteiliger Auswahl ergeben. Corporate Governance wird auch als Prozess der Überwachung der Leistung durch geeignete Gegenmaßnahmen und im Umgang mit Transparenz, Integrität und Verantwortlichkeit angesehen. Es organisiert die Art und Weise, in der Unternehmen gegenüber Aktionären und der Öffentlichkeit rechenschaftspflichtig sind, sowie die Überwachung der Geschäftsführung von Organisationen während des Betriebs ihr Unternehmen.

Die OECD-Grundsätze der Corporate Governance, die erstmals 1999 veröffentlicht wurden, wurden sowohl in den OECD-Ländern als auch in anderen Ländern weitgehend als Benchmark übernommen. Sie werden vom Financial Stability Forum als einer von 12 Schlüsselstandards zur Sicherung der internationalen Finanzstabilität und von der Weltbank bei ihrer Arbeit zur Verbesserung der Corporate Governance in aufstrebenden Märkten verwendet. (Saidi, 2008)

Im Jahr 2002 forderten die Regierungen der OECD eine Überprüfung der Grundsätze, um den Entwicklungen im Unternehmenssektor Rechnung zu tragen. Der überarbeitete Text ist das Ergebnis eines Konsultationsprozesses, an dem Vertreter von Regierungen der OECD-Staaten und Nicht-OECD-Staaten sowie von Unternehmen und Berufsverbänden, Gewerkschaften und Organisationen der Zivilgesellschaft beteiligt sind und internationale

Normungsorganisationen. Die OECD begann 2003 mit einer Überprüfung der Grundsätze unter Berücksichtigung der jüngsten Änderungen und Entwicklungen. Nach einer umfassenden Überprüfung führte der Prozess im April 2004 zur Überarbeitung und Überprüfung der OECD-Grundsätze der Corporate Governance. Die Überarbeitungsgrundsätze spiegeln nicht nur die Erfahrungen der OECD-Länder wider aber auch die aufstrebende und sich entwickelnde Wirtschaft. Die überarbeiteten Prinzipien sind nicht verbindlich und es liegt an den Regierungen und Marktteilnehmern, sich für ihren eigenen Rahmen zu entscheiden. Sie bestätigte auch die Anpassungsfähigkeit der Prinzipien als Referenz in unterschiedlichen rechtlichen, wirtschaftlichen und kulturellen Kontexten. „Corporate Governance ist das System, nach dem Unternehmen geleitet und kontrolliert werden.Die Corporate Governance legt die Verteilung der Rechte und Verantwortlichkeiten zwischen verschiedenen Teilnehmern des Unternehmens, wie z. B. Verwaltungsrat, Managern, Aktionären und anderen Stakeholdern, fest und beschreibt die Regeln und Verfahren für Entscheidungen in Unternehmensangelegenheiten. Auf diese Weise liefert es auch die Strukturen, durch die die Unternehmensziele festgelegt werden, sowie die Mittel, um diese Ziele zu erreichen und die Leistung zu überwachen. " Nachfolgend sind die Hauptbereiche der OECD-Prinzipien und ihrer Anmerkungen aufgeführt: (Abu-Tapanjeh, 2009)und die Mittel zur Erreichung dieser Ziele und zur Überwachung der Leistung ". Nachfolgend sind die Hauptbereiche der OECD-Prinzipien und ihrer Anmerkungen aufgeführt: (Abu-Tapanjeh, 2009)und die Mittel zur Erreichung dieser Ziele und zur Überwachung der Leistung “. Nachfolgend sind die Hauptbereiche der OECD-Prinzipien und ihrer Anmerkungen aufgeführt: (Abu-Tapanjeh, 2009)

Prinzip 1: Sicherstellung der Basis für einen wirksamen Rahmen für die Unternehmensführung.

Anmerkung: Der Corporate-Governance-Rahmen sollte transparente und effiziente Märkte fördern, rechtsstaatlich sein und die Aufteilung der Zuständigkeiten zwischen verschiedenen Aufsichts-, Regulierungs- und Durchsetzungsbehörden klar artikulieren.

Grundsatz 2: Das Recht der Aktionäre und Schlüsseleigentumsfunktionen.

Anmerkung: Das Der Rahmen für die Corporate Governance sollte die Ausübung der Rechte der Aktionäre schützen und erleichtern.

Grundsatz 3: Die gerechte Behandlung der Aktionäre. Anmerkung: Das Der Rahmen für die Corporate Governance sollte die gerechte Behandlung aller Aktionäre, einschließlich Minderheitsaktionäre und ausländische Aktionäre, gewährleisten. Alle Aktionäre sollten die Möglichkeit haben, eine wirksame Wiedergutmachung für die Verletzung ihrer Rechte zu erhalten.

Prinzip 4: Die Rolle von Stakeholdern bei der Unternehmensführung.
Anmerkung: Das Im Rahmen des Corporate Governance- Rahmens sollten die durch Gesetz oder

gegenseitige Vereinbarungen festgelegten Rechte von Stakeholdern anerkannt und die aktive Zusammenarbeit zwischen Unternehmen und Stakeholdern bei der Schaffung von Wohlstand, Arbeitsplätzen und der Nachhaltigkeit finanziell solider Unternehmen gefördert werden.

Prinzip 5: Offenlegung und Transparenz.

Anmerkung: Im Rahmen des Corporate-Governance-Rahmens sollte sichergestellt werden, dass alle wesentlichen Angelegenheiten des Unternehmens, einschließlich der finanziellen Situation, der Leistung, des Eigentums und der Führung des Unternehmens, zeitnah und korrekt offengelegt werden.

Prinzip 6: Die Verantwortlichkeiten des Vorstands.

Anmerkung: Der Corporate-Governance-Rahmen sollte die strategische Führung des Unternehmens, die effektive Überwachung der Geschäftsführung durch den Verwaltungsrat und die Rechenschaftspflicht des Verwaltungsrats gegenüber dem Unternehmen und den Aktionären sicherstellen.

Das Hauptthema des obigen Prinzips beruht auf vier Grundprinzipien. Erstens, den Mechanismus der Geschäftsethik, zweitens den Mechanismus der Entscheidungsfindung, drittens eine angemessene Offenlegung und Transparenz und schließlich den Mechanismus der Buchhaltung und der Abschlussrechnung. Diese OECD-Grundsätze sind so solide, dass selbst Nicht-

OECD-Mitglieder die Umsetzung und Verabschiedung durchsetzen.

Die Solidität dieser Prinzipien wurde durch ihre weltweite Akzeptanz bewiesen. Im nächsten Abschnitt wird die islamische Sicht der Unternehmensregierung aus islamischer Sicht diskutiert.

Forscher haben Corporate Governance auf verschiedene Weise definiert, und die am häufigsten zitierten Definitionen folgen. Die OECD definiert CG als „eine Reihe von Beziehungen zwischen dem Management eines Unternehmens, seinem Vorstand, seinen Anteilseignern und anderen Stakeholdern. Corporate Governance gibt auch die Struktur vor, durch die die Ziele des Unternehmens festgelegt und die Mittel zur Erreichung dieser Ziele und zur Überwachung der Leistung festgelegt werden. "

Diese Definition liefert wichtige Attribute von CG und unterstreicht die Transparenz. Sie befasst sich jedoch nicht direkt mit dem inhärenten Problem der Geschäftsziele, die die Verteilung der Rechte und Pflichten innerhalb des Unternehmens bestimmen sollten. Tatsächlich kann davon ausgegangen werden, dass die Ziele der Gründer eines Unternehmens, sei es die Steigerung des Wertes der Aktionäre oder die Verfolgung des Interesses der Interessengruppen, eine solche Verteilung beeinflussen und die institutionelle Struktur und Systeme beeinflussen können. In insbesondere die Verteilung von Rechten und Pflichten zwischen den Aktionären und anderen Interessengruppen würde von den

Interessen getrieben werden , wer auch immer das Unternehmen herstellt und anschließend kontrolliert sie.

Die überarbeiteten Grundsätze betonen die Bedeutung eines regulatorischen Rahmens für die Unternehmensführung, der effiziente Märkte fördert, eine wirksame Durchsetzung ermöglicht und die Verantwortlichkeiten zwischen verschiedenen Aufsichts-, Regulierungs- und Durchsetzungsbehörden klar definiert. Sie betonen auch die Notwendigkeit, transparente Führungsverantwortung innerhalb der Unternehmen sicherzustellen, um Verwaltungsrat und Management wirklich zur Rechenschaft zu ziehen. Andere Themen, auf die sich die überarbeiteten Prinzipien beziehen, sind: (OECD, 2004)

Institutionelle Anleger

- Sie sollten ihre Corporate-Governance-Richtlinien offenlegen, wie sie über die Verwendung ihrer Stimmrechte entscheiden und wie sie mit Interessenkonflikten umgehen, die ihre Stimmabgabe beeinträchtigen könnten.

- Beschränkungen der Konsultationen zwischen den Aktionären bezüglich ihrer Abstimmungsabsichten sollten gelockert werden, um die Kosten des informierten Eigentums zu senken.

Rechte der Aktionäre

- Die Rechte der Anleger müssen gestärkt werden. Die Aktionäre sollten in der Lage sein, Vorstandsmitglieder abzuberufen und effektiv an den Wahl- und Wahlprozessen teilzunehmen.

- Sie sollten in der Lage sein, ihre Ansichten über die Vergütungspolitik von Vorstandsmitgliedern und Vorstandsmitgliedern darzulegen, und jede Eigenkapitalkomponente sollte ihrer Zustimmung unterliegen.

Interessenkonflikte und Verantwortlichkeit des Prüfers

- Ein neuer Grundsatz fordert, dass Ratingagenturen und Analysten Interessenkonflikte vermeiden, die ihre Beratung beeinträchtigen könnten.

- Die Pflichten des Abschlussprüfers müssen gestärkt werden und die Rechenschaftspflicht gegenüber den Aktionären sowie die Verpflichtung des Unternehmens einschließen, bei der Durchführung einer Prüfung die gebotene professionelle Sorgfalt anzuwenden;

- Wirtschaftsprüfer sollten vollkommen unabhängig sein und dürfen nicht durch andere Beziehungen zum Unternehmen beeinträchtigt werden.

Rechte der Interessenvertreter und Schutz von Hinweisgebern

- Die Grundsätze verweisen auf die Rechte von Interessengruppen, sei es durch Gesetz oder durch gegenseitige Vereinbarungen.

- Ein neuer Grundsatz befürwortet den Schutz von Whistleblowern, einschließlich Institutionen, über die ihre Beschwerden oder Vorwürfe angesprochen werden können, und sieht den vertraulichen Zugang zu einem Vorstandsmitglied vor.

Verantwortlichkeiten des Vorstands

- Die Aufgaben und Verantwortlichkeiten des Verwaltungsrates wurden als treuhänderisch festgelegt, was besonders wichtig ist, wenn Unternehmensgruppen betroffen sind.

- Der Grundsatz der Unabhängigkeit und Objektivität des Verwaltungsrats wurde erweitert, um Interessenkonflikte zu vermeiden und um Situationen abzudecken, die durch Blockierung und Kontrolle der Anteilseigner gekennzeichnet sind, sowie die Verantwortung des Verwaltungsrats für die Überwachung der internen Kontrollsysteme für die Rechnungslegung.

Ein Konzept der Corporate Governance aus islamischer Sicht unterscheidet sich nicht wesentlich von der herkömmlichen Definition, da es sich auf ein System bezieht, durch das Unternehmen geleitet und kontrolliert werden, um das Unternehmensziel zu erreichen, indem alle Interessen und Rechte aller Interessengruppen geschützt werden. Einzigartig im Kontext von Corporate Governance im Rahmen des islamischen Paradigmas weist es im Vergleich zum konventionellen System eindeutige Merkmale und Merkmale auf, da es als Sonderfall einer breiteren Entscheidungstheorie bezeichnet wird, die die Voraussetzung islamischer soziowissenschaftlicher Epistemologie zugrunde legt prämiert auf der göttlichen Einheit Gottes. In einer Definition des Finanzausschusses zur Corporate Governance in Malaysia im Bericht zur Corporate Governance heißt es:

Corporate Governance ist der Prozess und die Struktur, die verwendet wird, um die Geschäfte und Angelegenheiten des Unternehmens auf die Verbesserung des geschäftlichen Wohlstands und der Rechenschaftspflicht von Unternehmen zu lenken und zu steuern, mit dem Endziel, einen langfristigen Wert für die Aktionäre zu erzielen, und dabei die Interessen anderer Stakeholder zu berücksichtigen.

Dies zeigt, dass Corporate Governance nicht nur für die Aktionäre, sondern auch für die anderen Stakeholder gilt.

Die Unternehmensführung im islamischen Finanzwesen erfordert, dass islamische Finanzinstitute sich an Regeln halten, die als islamisches Gesetz oder Scharia bezeichnet werden. Die Scharia regelt die Geschäfte und Transaktionen der Bank nach islamischen Grundsätzen, die vom Koran und Hadith abgeleitet sind.

Der oben genannte Rahmen schlägt den Aufbau eines Corporate-Governance-Rahmens für IFI vor. Um sicherzustellen, dass ein nationales oder sektorspezifisches CG-Rahmenwerk mit den internationalen bewährten Verfahren in Einklang steht, sollten im Rahmen des Rahmens die OECD- und die BIZ-Leitlinien enthalten sein.

Islamische Finanzinstitute haben die Pflicht, die Einhaltung der Prinzipien der Scharia in allen Bereichen ihrer Produkte, Instrumente, Operationen, Praktiken und ihres Managements sicherzustellen, die durch die Schaffung eines angemessenen Rahmens für die Scharia erreicht werden. Somit, Die Überwachung der Scharia spielt eine wesentliche Rolle bei der Steuerung der islamischen Finanzinstitution und ist Teil der Hauptkomponente des Rahmens der Scharia-Governance. Eine der Aufgaben des Scharia-Aufsichtsrats besteht darin, die islamischen Finanzanweisungen in Scharia-Angelegenheiten zu beraten, um sicherzustellen, dass die Shari'ah-Regeln jederzeit in seiner Tätigkeit eingehalten werden, indem relevante Dokumentationen zu den Produkten und Dienstleistungen von Shari'ah unterstützt und validiert werden die islamischen Finanzinstitute. Die ideale Rolle der Überwachung durch die Scharia umfasst Ex-ante- und Ex-post-Aspekte der Regierungsführung der Scharia, und diese umfassen die Ankündigung, Überwachung und Überprüfung der Scharia. In diesem Aspekt basiert der Sharia-Governance-Rahmen in Malaysia auf dem zentralisierten Modell, verglichen mit dem dezentralisierten System, das in den GCC-Ländern praktiziert wird.Das zentralisierte Modell wird auf der Grundlage gebildet, dass die Zentralbank selbst einen eigenen Scharia-Aufsichtsrat hat, der Scharia genannt wird Der Beirat ist gemäß Section 51 des Central Bank of Malaysia Act 2009 und aller islamischen Finanzinstitute verpflichtet, ein eigenes Scharia-Komitee zu bilden, das den vom Scharia-Beirat der Zentralbank festgelegten Regeln entspricht. Die Bedeutung der Überwachung durch die Scharia beruht auf fünf verschiedenen Ressourcen, nämlich religiöser, sozialer, wirtschaftlicher, rechtlicher und staatlicher Führung. Die religiöse Position ergibt sich aus der Fähigkeit von Scharia-Gelehrten, die Prinzipien der Scharia für andere zu verstehen und zu interpretieren. Die soziale Macht der Scharia-Aufsicht gibt den Beteiligten Vertrauen in die Rechtmäßigkeit der Transaktionen und Aktivitäten der islamischen Finanzinstitutionen. Die wirtschaftliche Macht der Scharia Die Aufsicht lässt sich an der Tatsache ablesen, dass die Rentabilität eines islamischen Finanzinstituts von der Leistung der Scharia-Gelehrten abhängt. In Bezug auf die rechtliche Befugnis wird sie aus verschiedenen Quellen einschließlich der Aufsichtsbehörden der jeweiligen Länder abgeleitet. Die hierarchische Position der Überwachung der Scharia unter den Anteilseignern der islamischen Finanzinstitute unterstreicht ihre Vormachtstellung gegenüber anderen Leitungsorganen, wodurch sie die Befugnis erhalten, ihre interne Politik einschließlich der Aufgaben, Verantwortlichkeiten und Beziehungen zu anderen Leitungsorganen in den islamischen Finanzinstitutionen festzulegen (Hasan 2009, 2010, 2011)

Die Scharia-Regierung, die sich auf alle Elemente bezüglich der aktiven Rolle des Scharia-Ausschusses und der Einhaltung der Scharia bezieht, ist insbesondere für islamische Banken von grundlegender Bedeutung, und die Umsetzung der Scharia-Regierung wird durch internationale Regulierungsinstitutionen, wie z Organisation der Buchhaltungs- und Rechnungsprüfung für islamische

Finanzinstitute (AAOIFI) und Überwachung der Scharia der islamischen Finanzdienstleistungsbehörde.

Der SSB spielt eine sehr wichtige Rolle bei der Gewährleistung einer guten Scharia-Regierung. Die Aufgabe des SSB besteht darin, den Verwaltungsrat in Angelegenheiten der Scharia zu beraten, um sicherzustellen, dass die Vorgänge jederzeit den Grundsätzen der Scharia entsprechen, wobei einschlägige Dokumentationen in Bezug auf die Produkte und Dienstleistungen sowie die internen Richtlinien gebilligt und validiert werden und Handbücher und Marketinganzeigen.

Dynamische und gute Scharia-Governance ist das Kernstück der Entwicklung des islamischen Bank- und Finanzsektors in Malaysia. Eine gute Scharia-Regierung garantiert die Dynamik des islamischen Finanzwachstums.

Das Interesse der Interessengruppen kann sich über das finanzielle Interesse hinaus auf ethische, religiöse oder andere Werte erstrecken, wenn eine gute Unternehmensführung erforderlich ist. In islamischen Banken verlangen Aktionäre und Islamwissenschaftler, dass der Betrieb der angebotenen Dienste dem Scharia-Recht unterliegt, andernfalls wird sie ohne Genehmigung bearbeitet. Daher ist Corporate Governance durch die Scharia-Operation unerlässlich.

Jede islamische Bank oder jedes Finanzinstitut verfügt über interne religiöse Berater, die als SSB bezeichnet werden, als Teil der internen Governance-Struktur der Institution. In einigen Ländern haben die Behörden Aufsichtsvereinbarungen getroffen, z. B. das Shari'ah-Board in den islamischen Bankabteilungen Aufsichtsbehörden. Diese arbeiten in der

Regel mit privaten unabhängigen Marktagenten zusammen, die mit Islamic Finance vertraut sind.

Die Vorrechte von SSB liegen in fünf Hauptbereichen: Zertifizierung zulässiger Finanzinstrumente durch Fatwas (Ex-ante-Scharia-Audit), Überprüfung der Einhaltung der Transaktionen durch die Fatwa (Ex-post-Scharia-Audit), Berechnung und Zahlung von Zakat, Veräußerung von Nicht-Finanzinstrumenten -Shari 'ah Zahlungseingeschränktes Einkommen, Beratung bei der Verteilung von Erträgen oder Aufwendungen zwischen den Bankaktionären und den Inhabern von Investmentkonten. Jede SBB erstellt einen Bericht, um die Einhaltung der Scharia bei allen Finanztransaktionen zu bestätigen. Neben dem SSB haben die meisten islamischen Finanzinstitute eine weitere interne Struktur der Shari'ah Review eingerichtet, nämlich Shari'ah Review-Einheiten. Diese Einheiten sind unabhängig von anderen Abteilungen oder integraler Bestandteil der internen Revisions- und Kontrollabteilung.

In den letzten Jahren hat das Islamic Financial Services Board (IFSB) drei Leitprinzipien entwickelt, um zur Stärkung von Governance-Strukturen und -Prozessen in verschiedenen Segmenten der islamischen Finanzdienstleistungsbranche (IFSI) beizutragen, entsprechend seinem Auftrag, die Solidität und Stabilität des islamischen Finanzwesens zu fördern System. Es Es wurde darauf hingewiesen, dass bei allen drei Projekten die Besorgnis über die Rollen und Funktionen der Shari'ah-Boards, die Teil des umfassenderen Governance-Systems sind, ein immer wiederkehrendes Thema war. Dies ist von entscheidender Bedeutung, wenn man bedenkt, dass die

Einhaltung der Shari'ah-Regeln und -Prinzipien das Ziel des IFSI ist. Tatsächlich enthalten andere IFSB-Standards - etwa zu Risikomanagement, Kapitaladäquanz und aufsichtlicher Überprüfungsprozess - auch Anforderungen und Empfehlungen, die sicherstellen sollen, dass ein geeignetes Scharia-Governance-System vorhanden ist.

Daher billigte der IFSB-Rat auf seiner neunten Tagung in Dschidda die Ausarbeitung einer Reihe von Leitprinzipien für das Führungssystem der Scharia, von denen erwartet wird, dass sie: (Hasan, 2009, 2010, 2011)

(ein) andere vom IFSB aufgestellte Aufsichtsstandards ergänzen, indem sie insbesondere die Aufsichtsbehörden und die übrigen Interessengruppen der Branche im Allgemeinen auf die Komponenten eines soliden Shari'ah-Governance-Systems aufmerksam machen, insbesondere hinsichtlich der Kompetenz, der Unabhängigkeit, der Vertraulichkeit und des Datenschutzes Konsistenz der Scharia-Bretter;

(b) ein besseres Verständnis der Probleme der Scharia-Governance und der Frage, wie die Interessengruppen sich davon überzeugen sollten, dass ein geeignetes und wirksames Scharia-Governance-System vorhanden ist, zu fördern;

(c) ein höheres Maß an Transparenz in Bezug auf die Ausgabe und den Prüfungs- / Überprüfungsprozess hinsichtlich der Einhaltung der Entscheidungen der Scharia zu bieten; und

(d) eine stärkere Harmonisierung der Führungsstrukturen und -verfahren der Scharia über die verschiedenen Hoheitsgebiete hinweg zu gewährleisten, zumal es immer mehr IIFS mit grenzüberschreitenden Operationen gibt.

Der Begriff „Shari'ah-Governance-System“ wird zwar im IFSI allgemein verwendet, um sich auf Strukturen und Prozesse zu beziehen, die von Interessenvertretern des IFSI (von Finanzaufsichtsbehörden bis zu Marktteilnehmern) zur Sicherstellung der Einhaltung der Shari'ah-Regeln und -Prinzipien angenommen werden in einem der bestehenden Standards richtig definiert. Aus Gründen der Klarheit wird in diesem Dokument die folgende Definition des „Scharia-Governance-Systems“ und der anderen Schlüsselbegriffe verwendet:

„Shari'ah Governance System“ bezieht sich auf die institutionellen und organisatorischen Vorkehrungen, durch die ein IIFS sicherstellt, dass die Einhaltung der Scharia über die folgenden Strukturen und Prozesse wirksam überwacht wird: (Hasan, 2009, 2010, 2011)

(ein) Ausgabe einschlägiger Verlautbarungen / Beschlüsse der Scharia Unter "Verlautbarungen / Beschlüsse der Scharia" wird eine juristische Meinung zu allen Fragen im Zusammenhang mit Scharia-Fragen in der islamischen Finanzwirtschaft verstanden, die vom entsprechend beauftragten Scharia-Vorstand abgegeben wird. In Jurisdiktionen, in denen es eine zentrale Behörde wie die nationale Shari'ah-Kammer oder den Fatwa-Rat gibt, ist diese zentrale Behörde befugt, solche Verlautbarungen / Resolutionen abzugeben, was dazu führt, dass die Shari'ah-Kammer im IIFS normalerweise nur darauf achtet, dass die IIFS entspricht den von der Zentralbehörde erlassenen Verlautbarungen / Entschließungen. Sobald entschieden wird, dass eine Scharia-Erklärung / Resolution tatsächlich umgesetzt werden soll, wird sie zu einem „Scharia-Urteil" (hukm al-Shar'i) mit voller Rechtswirkung, die das IIFS bindet.Eine Scharia-Erklärung / Resolution wird nur in angemessenen, angemessenen Verfahren herausgegeben, die unter anderem eine strenge Beratung der Mitglieder des Shari'ah-Vorstandes über geplante Shari'ah-konforme Produkte oder Transaktionen erfordern, die eine Shari'ah erfordern sowie die eingehende Prüfung der rechtlichen Verträge und anderer Dokumente, die für die Produkte oder Transaktionen relevant sind.

(b) Weitergabe von Informationen über solche Verlautbarungen / Beschlüsse der Scharia an das operative Personal des IIFS, die die tägliche Einhaltung der Verlautbarungen / Beschlüsse der Scharia bezüglich jeder Ebene der Vorgänge und jeder Transaktion überwachen. Eine solche Aufgabe würde normalerweise von einer bestimmten „internen Einheit / Abteilung der Scharia-Compliance" (ISCU) oder zumindest von einem Scharia-Compliance-Beauftragten durchgeführt werden, der Teil des Compliance-Teams des IIFS ist. Das IIFS rüstet die ISCU mit den entsprechenden Fähigkeiten zur Überwachung der Einhaltung und den einschlägigen Kenntnissen der Shari'a aus, beispielsweise durch Zusammenstellung eines Teams von

Mitarbeitern mit den beiden unterschiedlichen Fähigkeiten. Das IIFS sollte auch sicherstellen, dass die ISCU von den Geschäftseinheiten und Abteilungen getrennt und unabhängig ist.

(c) Eine interne Überprüfung / Überprüfung der Einhaltung der Shari'ah-Konformität zur Überprüfung der Einhaltung der Shari'ah-Konformität , bei der alle Vorfälle der Nichterfüllung erfasst und gemeldet werden, und soweit möglich, besprochen und korrigiert werden. IFSB-3 legt fest, dass Shari 'ah Verlautbarungen / Beschlüsse der Shari'ah-Boards sollten strikt eingehalten werden. Die interne Überprüfung der Scharia würde daher einer Person zugeordnet, die ausreichend in der Überprüfung / Prüfung der Einhaltung der Scharia geschult wurde, so dass sie einen kompetenten Überblick über den Prozess hat.

Während die ISCU Teil des Compliance- Teams des IIFS ist , kann die interne Revisions- / Audit-Abteilung (ISRU) der Shari eingerichtet werden, die auf ähnliche Weise arbeitet wie das interne Audit-Team des IIFS. Der Hauptunterschied besteht darin, dass der Interne Prüfer zwar normalerweise dem Prüfungsausschuss Bericht erstatten wird, der ISRU jedoch dem Vorstand der Scharia.

In den internen Überprüfungs- / Prüfberichten der Scharia wird gegebenenfalls die Verwaltung des IIFS gefordert oder empfohlen, um Probleme der Scharia-Konformität zu lösen und zu beheben.

(d) Eine jährliche Überprüfung der Einhaltung der Shari'ah-Bestimmungen / Überprüfungen zur Überprüfung, ob die interne Überprüfung / Überprüfung der internen Einhaltung der Shari'ah ordnungsgemäß durchgeführt wurde, und ihre Ergebnisse wurden vom Shari'ah-Vorstand The Shari'ah-Vorstand, der die Shari'ah herausgegeben hat, ordnungsgemäß zur Kenntnis genommen Verlautbarungen / Beschlüsse können diesen Prozess übernehmen, nachdem sie Feedback und Berichte vom ISRU erhalten haben. Alternativ kann diese Aufgabe einem entsprechend kompetenten externen Prüfer oder einer externen Scharia-Firma übertragen werden.

Das Shari'ah-Board oder die Scharia-Beratungsfirma, die die Konformitätsprüfung / -prüfung der Shari'ah durchführt, muss einen Bericht vorlegen, aus dem hervorgeht, ob das IIFS während des gesamten Geschäftsjahres die Anforderungen der Scharia erfüllt.

Gegebenenfalls und bei Bedarf könnten zwei Berichte erstellt werden: eine allgemeine Entsprechenserklärung, die in den Jahresbericht des IIFS aufgenommen werden sollte; und eine detailliertere Darstellung der Compliance-Arbeit, die speziell an

die Aufsichtsbehörden.

2 Scharia-Governance-Modell aus regulatorischer Sicht

Shari'ah - Governance - System von The IFSB Leitprinzipien definiert im System Scharia Governance in Institutionen , die Islamic Financial Services (IFSB-10) bezieht sich auf eine Reihe von institutionellen und organisatorischen Vorkehrungen zu überwachen Shari'ah Compliance - Aspekten in Islamic Financial Institutions (IFI) .

In dieser Hinsicht hat die Mehrheit der IFI ein eigenes Scharia-Board eingerichtet, und einige von ihnen haben sogar eine eigene interne Abteilung für Scharia-Überprüfungen oder eine Abteilung eingerichtet, die das Shari'ah-Board bei der Ausübung seiner Funktion unterstützen. Dies deutet auf eine positive Entwicklung des Aspekts des Scharia-Governance-Systems in internationalen Finanzinstituten hin. Betrachtung des unterschiedlichen Rahmens und Stils der Scharia-Governance in verschiedenen rechtlichen Rahmenbedingungen und verschiedenen Bankmodellen.

ein Privileg, das sie daran hindert, rechtliche Schritte durch das islamische Finanzinstitut zu ergreifen, wenn nachgewiesen werden kann, dass solche Pflichten in gutem Glauben ausgeführt wurden.

Auch im konventionellen Finanzsystem hat sich Corporate Governance aufgrund der anhaltenden finanziellen Instabilität in den letzten drei Jahrzehnten stark durchgesetzt. Dies wäre im islamischen System von noch größerer Bedeutung, da ein zusätzliches Risiko für die Einleger besteht, wenn die Banken tatsächlich in die Risikoteilung einsteigen. Dies stellt eine wichtige Herausforderung für die islamischen Banken dar, alle entscheidenden Aspekte der Corporate Governance zu verbessern. Die Herausforderung wird schwerwiegender, wenn diese Institutionen expandieren und ihre Probleme komplexer werden. Diese Herausforderung könnte erfolgreich bewältigt werden, wenn der Verwaltungsrat und die Geschäftsleitung bei der Wahrnehmung ihrer Aufgaben effektiver werden. (Chapra & Ahmed, 2002)

Effektive Corporate Governance in Banken sowie bei Unternehmen, die Bankmittel einsetzen, ist eine der wichtigsten Säulen des neuen Umfelds, das geschaffen werden muss, um das alte nicht mehr vorhandene sozioökonomische Umfeld zu ersetzen. Leider wird die Corporate Governance in den meisten Entwicklungsländern in der Regel als schwach angesehen. Dies liegt daran, dass alle Institutionen, die eine entscheidende Rolle bei der Disziplinierung der Märkte und der Gewährleistung von Effizienz und Integrität spielen, in diesen Ländern nicht gut entwickelt sind. Informationsasymmetrien sind schwerwiegender, die Marktteilnehmer sind weniger erfahren, und Vorschriften, auch wenn sie existieren, werden aufgrund politischer Korruption und der allgemeinen Schwäche der Justizsysteme nicht wirksam und unparteiisch durchgesetzt. Die Angaben sind auch nicht angemessen und die Rechnungslegungsmethoden sind nicht gut entwickelt.Folglich leiden diese Unternehmen unter Ineffizienzen und Ungleichheiten, die sich auf alle Beteiligten auswirken. Die negativen Auswirkungen einer ineffektiven Corporate Governance können bei Finanzinstituten schwerwiegender sein, da die Anzahl ihrer Stakeholder viel größer ist und die systemischen Risiken viel höher sind. Es besteht kein Grund zu der Annahme, dass die islamischen Finanzinstitutionen, obwohl sie sich bislang recht gut geschlagen haben, zwangsläufig in der Lage waren, den Schwächen der vorherrschenden schwachen Unternehmensführung in Entwicklungsländern zu entgehen. Es sollte möglich sein, ihre Leistung erheblich zu verbessern und den Interessen aller Interessengruppen viel besser zu dienen, indem die Corporate Governance in diesen Institutionen effektiver gestaltet wird. Deshalb,Die überzeugenden Gründe für eine stärkere Abhängigkeit von Gerechtigkeit in einer islamischen Wirtschaft verstärken die Notwendigkeit, alle Maßnahmen zu ergreifen, die nicht nur zur Verbesserung der Funktionsweise des Finanzsystems beitragen, sondern auch die Interessen aller Interessengruppen schützen. (Chapra & Ahmed, 2002)

Ohne effektive Corporate Governance ist es möglicherweise nicht möglich, die islamischen Banken zu stärken und ihnen zu ermöglichen, schnell zu expandieren und ihre Rolle effektiv zu erfüllen. Dieses Bedürfnis wird immer schwerwiegender, wenn sich die Institutionen ausdehnen und ihre Probleme komplexer werden - Probleme, die ihre Fähigkeit beeinträchtigen, langfristig die Herausforderungen zu meistern, mit denen sie konfrontiert sind. Es kann daher nicht verhindert werden, dass alle Maßnahmen ergriffen werden, die zur Verbesserung der Funktionsweise dieser Institutionen beitragen würden.

Zu diesem Zweck ist es wichtig, die Instrumente der Corporate Governance zu schärfen, von denen die wichtigsten folgende sind: interne Kontrollen, Risikomanagement, Transparenz, Buchführung und Offenlegung von Darlehen, Freigabe und Prüfung der Scharia, externe Rechnungsprüfung sowie aufsichtsrechtliche Vorschriften und Kontrollen . Eine vollständige Abhängigkeit von diesen wäre jedoch nicht ausreichend. Das moralische Engagement aller Marktteilnehmer ist unerlässlich. Ohne eine solche Verpflichtung finden die Marktteilnehmer unterschiedliche Wege, um gegen das Gesetz zu verstoßen, ohne entdeckt und bestraft zu werden. Dadurch werden immer mehr gesetzliche Kontrollen und Kontrollen erforderlich, wodurch die Transaktionskosten auf ein unerträglich hohes Niveau steigen. Eine echte Rechenschaftspflicht gegenüber Aktionären und Einlegern durch die in diesem Dokument erörterten Maßnahmen sollte ebenfalls von großer Hilfe sein.Was ebenfalls erforderlich ist, ist die Einrichtung einer Reihe gemeinsamer Institutionen, wie oben diskutiert. Ohne diese Institutionen können selbst Banken mit der besten Corporate Governance Krisen nicht vermeiden.

Die Corporate Governance ist jedoch in allen Ländern im Allgemeinen schwach, insbesondere in den Entwicklungsländern, in die derzeit fast alle muslimischen Länder fallen. Dies liegt daran, dass alle Institutionen, die eine entscheidende Rolle bei der Disziplinierung der Märkte und der Gewährleistung von Effizienz und Integrität spielen, in diesen Ländern nicht gut entwickelt sind.

Informationsasymmetrien sind schwerwiegender, die Marktteilnehmer sind weniger erfahren, und Vorschriften, auch wenn sie existieren, werden aufgrund politischer Korruption und der allgemeinen Schwäche der Justizsysteme nicht immer wirksam und unparteiisch durchgesetzt. Die Angaben sind auch nicht angemessen und die Rechnungslegungsmethoden sind nicht gut entwickelt. Die nachteiligen Auswirkungen einer ineffektiven Unternehmensführung können bei Finanzinstituten schwerwiegender sein, da ihre Hebelwirkung wesentlich höher ist.Die Anzahl ihrer Stakeholder ist umfangreicher und die systemischen Risiken ihres Scheiterns sind weitaus ernster. Es besteht kein Grund zu der Annahme, dass die islamischen Finanzinstitutionen, obwohl sie sich bislang recht gut geschlagen haben, zwangsläufig in der Lage waren, den Schwächen der vorherrschenden schwachen Unternehmensführung in Entwicklungsländern zu entgehen. Es kann daher nicht verhindert werden, dass alle Maßnahmen ergriffen werden, die zur Verbesserung der Funktionsweise dieser Institutionen beitragen würden. Die Rolle des Verwaltungsrats und der Geschäftsleitung ist dabei von entscheidender Bedeutung. Es ist erfreulich festzustellen, dass sich fast alle muslimischen Länder derzeit an der Umsetzung der BCBS-Richtlinien beteiligen (Hasan, 2011).Auch wenn sich die islamischen Finanzinstitutionen bislang recht gut entwickelt haben, konnten sie sich zwangsläufig den Folgen der vorherrschenden schwachen Corporate Governance in Entwicklungsländern entziehen. Es kann daher nicht verhindert werden, dass alle Maßnahmen ergriffen werden, die zur Verbesserung der Funktionsweise dieser Institutionen beitragen würden. Die Rolle des Verwaltungsrats und der Geschäftsleitung ist dabei von entscheidender Bedeutung. Es ist erfreulich festzustellen, dass sich fast alle muslimischen Länder derzeit an der Umsetzung der BCBS-Richtlinien beteiligen (Hasan, 2011).Auch wenn sich die islamischen Finanzinstitutionen bislang recht gut entwickelt haben, konnten sie sich zwangsläufig den Folgen der vorherrschenden schwachen Corporate Governance in Entwicklungsländern entziehen. Es kann daher nicht verhindert werden, dass alle Maßnahmen ergriffen werden, die zur Verbesserung der Funktionsweise dieser Institutionen beitragen würden. Die Rolle des Verwaltungsrats und der Geschäftsleitung ist dabei von entscheidender Bedeutung. Es ist erfreulich festzustellen, dass sich fast alle muslimischen Länder derzeit an der Umsetzung der BCBS-Richtlinien beteiligen (Hasan, 2011).Es kann nicht vermieden werden, dass alle Maßnahmen ergriffen werden, die zur Verbesserung der Funktionsweise dieser Institutionen beitragen würden. Die Rolle des Verwaltungsrats und der Geschäftsleitung ist dabei von entscheidender Bedeutung. Es ist erfreulich festzustellen, dass sich fast alle muslimischen Länder derzeit an der Umsetzung der BCBS-Richtlinien beteiligen (Hasan, 2011).Es kann nicht vermieden werden, dass alle Maßnahmen ergriffen werden, die zur Verbesserung der Funktionsweise dieser Institutionen beitragen würden. Die Rolle des Verwaltungsrats und der Geschäftsleitung ist dabei von entscheidender Bedeutung. Es ist erfreulich festzustellen, dass sich fast alle muslimischen Länder derzeit an der Umsetzung der BCBS-Richtlinien beteiligen (Hasan, 2011).

A. Der Verwaltungsrat

Der Verwaltungsrat kann diese Rolle jedoch nicht effektiv ausüben, wenn seine Mitglieder nicht über ein hohes Maß an moralischer Integrität und fachlicher Kompetenz im Bankgeschäft verfügen. Sie müssen sich der Risiken und Komplexitäten im Bankgeschäft angemessen bewusst sein. In einem islamischen System müssen sie die zusätzliche Qualifikation haben, sich mit der Scharia und ihren Zielen und insbesondere mit den Gründen für das Interessenverbot gut auskennen zu können. Sie sollten für eine angemessene Transparenz im Einklang mit den von der BCBS, dem IFSB und der Aufsichtsbehörde ihres eigenen Landes festgelegten Standards sorgen, indem sie einen reibungslosen Fluss relevanter Informationen an die Direktoren, das obere Management, die Prüfer, die Aufsichtsbehörden, die Aktionäre,Einleger und die Öffentlichkeit entsprechend den Bedürfnissen jedes Einzelnen, um eine ordnungsgemäße Kontrolle der Angelegenheiten der Bank sicherzustellen. Sie müssen ein starkes internes Kontrollsystem, ordnungsgemäße Rechnungslegungsverfahren, eine wirksame interne und externe Prüfung, ein effizientes Risikomanagement sowie alle erforderlichen Überprüfungen, Regeln, Vorschriften und Verfahren aufbauen. (Hasan, 2011)

Die Erfahrung hat gezeigt, dass Regisseure ihre Rollen nicht notwendigerweise effektiv ausüben. Dafür gibt es verschiedene Gründe. Eine davon ist, dass die Verwaltungsratsmitglieder nicht notwendigerweise über die Fachkompetenz und die moralische Integrität verfügen, die für eine effiziente

Verwaltung der Bank erforderlich sind. Ein weiterer Grund ist, dass Verwaltungsratsmitglieder nicht immer von den Aktionären richtig gewählt werden und nicht notwendigerweise vor ihnen rechenschaftspflichtig sind. Wahlen finden nicht regelmäßig in festgelegten Abständen statt, und selbst wenn dies der Fall ist, weisen Beweise darauf hin, dass die Aktionäre nicht aktiv an der Wahl oder Abberufung von Direktoren beteiligt sind. Dies ermöglicht den Vorstandsmitgliedern, sich zu verewigen, und es ist im Allgemeinen schwierig, sie außer durch Übernahmen zu verdrängen. Diese sind jedoch teuer und möglicherweise störend und können daher nichteine mögliche Abhilfe, außer in extremen Fällen. Um diese Situation zu korrigieren, ist es notwendig, ein transparentes Verfahren für Wahlen zu haben und Maßnahmen zu ergreifen, die es Minderheitsaktionären und Investment-Einlegern ermöglichen, an den Entscheidungen des Verwaltungsrats mitzuwirken. Es ist auch notwendig, die Aktionäre in die Lage zu versetzen, die Mitglieder des Verwaltungsrats zu streichen, wenn ihre Leistung weit hinter den Erwartungen zurückbleibt. Es ist daher unabdingbar, Reformen in den Wahlverfahren sowie die Vertretungsregeln einzuführen, damit die Aktionäre kompetente und gewissenhafte Personen in den Verwaltungsrat wählen können und verhindern können, dass sie sich trotz ihrer schlechten Leistung behaupten.Es ist notwendig, über ein transparentes Verfahren für Wahlen zu verfügen und Maßnahmen zu ergreifen, die es Minderheitsaktionären und Investment-Einlegern ermöglichen, an den Entscheidungen des Verwaltungsrats mitzuwirken. Es ist auch notwendig, die Aktionäre in die Lage zu versetzen, die Mitglieder des Verwaltungsrats zu streichen, wenn ihre Leistung weit hinter den Erwartungen zurückbleibt. Es ist daher unabdingbar, Reformen in den Wahlverfahren sowie die Vertretungsregeln einzuführen, damit die Aktionäre kompetente und gewissenhafte Personen in den Verwaltungsrat wählen können und verhindern können, dass sie sich trotz ihrer schlechten Leistung behaupten.Es ist notwendig, über ein transparentes Verfahren für Wahlen zu verfügen und Maßnahmen zu ergreifen, die es Minderheitsaktionären und Investment-Einlegern ermöglichen, an den Entscheidungen des Verwaltungsrats mitzuwirken. Es ist auch notwendig, die Aktionäre in die Lage zu versetzen, die Mitglieder des Verwaltungsrats zu streichen, wenn ihre Leistung weit hinter den Erwartungen zurückbleibt. Es ist daher unabdingbar, Reformen in den Wahlverfahren sowie die Vertretungsregeln einzuführen, damit die Aktionäre kompetente und gewissenhafte Personen in den Verwaltungsrat wählen können und verhindern können, dass sie sich trotz ihrer schlechten Leistung behaupten.Es ist zwingend notwendig, Reformen in den Wahlverfahren sowie die Regeln für die Vertretung der Stimmrechte einzuleiten, damit die Aktionäre kompetente und gewissenhafte Personen in den Verwaltungsrat wählen und verhindern können, dass sie sich trotz ihrer schlechten Leistungen behaupten.Es ist zwingend notwendig, Reformen in den Wahlverfahren sowie die Regeln für die Vertretung der Stimmrechte einzuleiten, damit die Aktionäre kompetente und gewissenhafte Personen in den Verwaltungsrat wählen und verhindern können, dass sie sich trotz ihrer schlechten Leistungen behaupten.

Es ist auch notwendig, eine rechtliche und ordnungspolitische Infrastruktur zu entwickeln, um die Rechte nicht nur von Minderheitsaktionären, sondern auch von Einlegern (beide Außenseiter) zu schützen. In einer Reihe von Ländern dürfen Unternehmen eingetragene Aktionäre, die nicht an Hauptversammlungen teilnehmen können, bitten, ihre Stimmen an den Verwaltungsrat zu übertragen. Dies stärkt die Hände des Verwaltungsrats weiter und ermöglicht es ihm, Entscheidungen auf Hauptversammlungen zu kontrollieren. Da die Übertragung von Stimmrechten oft zu weitreichenden Konsequenzen führt, die nicht immer im Interesse aller Stakeholder sind, wäre es wünschenswert, das Stimmrecht den Aktionärsvereinigungen zu übertragen, sofern sie existieren. Wenn solche Assoziationen nicht existieren,Die Stimmrechte können dann an Aufsichtsbehörden oder an spezialisierte, im Privatsektor niedergelassene Firmen weitergegeben werden, um das Interesse der Interessengruppen gegen eine Gebühr zu schützen, wie später erörtert wird. Alle drei dieser Institutionen wären möglicherweise besser qualifiziert, um die Interessen der Interessengruppen zu schützen (Hasan, 2010).

Es wäre auch hilfreich, wenn eine angemessene Anzahl von nicht-exekutiven Direktoren im Verwaltungsrat vertreten ist. Empirische Beweise im konventionellen System zeigen, dass nicht geschäftsführende Direktoren die Fähigkeit des Verwaltungsrats zur Beurteilung und Disziplinierung von Managern positiv beeinflussen. Dies ist möglicherweise darauf zurückzuführen, dass solche Direktoren keine Verantwortung für das Management haben und daher möglicherweise kein berechtigtes Interesse am Schutz des Managements haben. Es kann daher davon ausgegangen werden, dass sie den Interessen der Minderheitsaktionäre und Einleger mehr Gewicht beimessen und damit dazu beitragen, Eigenkapital in das Unternehmen einzubringen. Wenn sie diese Erwartung nicht erfüllen, würden sie ihren eigenen Ruf in der Arbeit der Direktoren verletzen Markt. Der Abzug des Chief Executive Officer (CEO), der auf eine schlechte Leistung zurückzuführen ist, ist bei Außenseiter-dominierten Boards wahrscheinlicher als bei Insider-dominierten. Aber auch hier gibt es Probleme. Wenn die nicht-exekutiven Direktoren nicht von den Aktionären gewählt, sondern vom dominanten Aktionär oder dem CEO persönlich ausgewählt werden, würden sie ihm ihre Karriere schulden und würden daher "die Informationen und Anreize fehlen, die für eine konsistente effektive Unternehmensführung erforderlich sind". Es wird also zu Interessenkonflikten kommen, die eine mangelnde Bereitschaft zur Disziplinierung der Geschäftsführung verursachen. Darüber hinaus sind Verwaltungsratssitzungen möglicherweise nicht häufig, und nicht geschäftsführende Direktoren sind daher möglicherweise nicht in der Lage, die Aktivitäten des Unternehmens wirksam zu überwachen und eine Korrektur sicherzustellen.vor allem, wenn offene Kritik an der Managementpolitik in Vorstandssitzungen als unhöflich betrachtet wird. Da die islamischen Banken selbst in muslimischen Ländern im Vergleich zu ihren herkömmlichen Kollegen in der Regel klein sind, bleibt der Rest der Welt unberücksichtigt . Dies ermöglicht die Konzentration von Aktien in den Händen einiger geschäftsführender Direktoren. Dementsprechend gering ist auch die Anzahl der Non-

Executive Directors, die die Executive Directors überprüfen können. Da die geringe Größe sowie die Konzentration der Beteiligungen das Potenzial haben, unerwünschte Konsequenzen für den Schutz der Interessen aller Interessengruppen zu haben, ist es wünschenswert, die Größe der Banken zu vergrößern und rechtliche Reformen mit dem Ziel der Verringerung der Konzentration und der Risikostreuung einzuleiten .und Erhöhung der Fähigkeit dieser Banken, Verluste aufzufangen.

Es wäre auch wünschenswert, einige andere Reformen einzuführen, um den Verwaltungsrat in seinen Funktionen effektiver zu machen. Eine davon muss ernsthaft betrachtet werden, indem die Vergütung der Verwaltungsratsmitglieder in derselben Weise wie in Mudaraba an ihre Leistung gebunden wird Verträge. Die Direktoren in ihrer Eigenschaft als Mudaribs (geschäftsführende Unternehmer) sollten nur für ihre tatsächlichen Kosten entschädigt werden und haben keinen Anspruch auf eine feste Verwaltungsgebühr oder Vergütung wie in modernen Unternehmen. Ihre Vergütung sollte einen bestimmten Prozentsatz des von der Bank erzielten Gewinns betragen, wenn die Bank einen Gewinn erzielt. Dies muss zusätzlich zu ihrer normalen Gewinnbeteiligung wie die anderer Aktionäre aufgrund ihres Anteilsbesitzes erfolgen. Der prozentuale Anteil des Gewinns, der den Verwaltungsratsmitgliedern für ihre Verwaltungsdienstleistungen zugeteilt wird, muss in der Satzung eindeutig festgelegt werden, damit sie den Aktionären bekannt ist. Wenn das Unternehmen einen Gewinn erzielt, erhalten die Direktoren den angegebenen Gewinn in Prozent für ihre Dienstleistungen. Aber wenn das Unternehmen einen Verlust macht, erhalten die Direktoren wie die Mudarib keine "Gebühr".für ihre Management-Dienstleistungen und sollte im Verhältnis zu ihren Aktien an den Verlusten beteiligt sein. Die Direktoren würden daher nur dann eine Belohnung für ihre Leistungen erhalten, wenn sie zum Gewinn beigetragen haben - je höher der Gewinn, desto höher die Belohnung. Dies sollte sich als Ansporn für eine bessere Leistung erweisen. (Hasan, 2011)

B. Geschäftsleitung

Während sich der Verwaltungsrat auf Personen bezieht, die in der Regel nicht nur selbst Aktionäre sind, sondern auch an der Leitung der Bank beteiligt sind, bezieht sich die Geschäftsleitung auf den CEO und andere leitende Angestellte, die Führungsfunktionen wahrnehmen, jedoch nicht notwendigerweise Aktionäre sind. Moderne Unternehmen werden im Allgemeinen nicht von ihren Eigentümern (Anteilseignern) verwaltet. Stattdessen werden professionelle Manager eingestellt, um das Unternehmen zu führen. Sie sind Treuhänder.1 Dies führt zu einem Haupt- / Beauftragungsproblem und führt zu einem Interessenkonflikt. Es ist daher notwendig, Einschränkungen für den Umgang mit sich selbst, Betrug, übermäßige Entschädigung in verschiedenen verborgenen Formen und andere Missstände aufzuerlegen.

Eine der wichtigsten Einschränkungen für das Management besteht darin, dass Schlüsselpositionen nicht von einer Person besetzt werden sollten (Vier-Augen-Prinzip). Da der CEO und der Vorstandsvorsitzende zwei verschiedene Funktionen in der Bank ausüben, ist es vorzuziehen, dass zwei verschiedene Personen diese Positionen innehaben, so dass eine klare Aufteilung der Verantwortlichkeiten an der Spitze der Bank besteht, um Unabhängigkeit und Ausgewogenheit zu gewährleisten Macht und Autorität. Weder die Direktoren noch die Geschäftsleitung sollten berechtigt sein, am Arbeitsplatz zu bleiben, wenn sie nicht mehr kompetent oder qualifiziert sind, um die Bank zu führen. Wie Jensen und Ruback argumentieren, könnten arme Manager, die sich weigern, ersetzt zu werden, die kostspieligste Manifestation des Agenturproblems sein (Hasan, 2011).

Es liegt in der Verantwortung des Verwaltungsrats und der Geschäftsleitung, angemessene interne Kontrollen und ein wirksames Management aller Risiken, einschließlich Kreditrisiko, Liquiditätsrisiko, Zinsänderungsrisiko und operationelle Risiken, sicherzustellen. Obwohl die meisten islamischen Banken diesen Risiken relativ ausgesetzt zu sein scheinen, konnten sie diese bisher recht gut bewältigen. Dies muss jedoch nicht unbedingt in Zukunft so bleiben. Es ist daher äußerst wichtig, eine effektive Risikomanagementkultur in diesen Banken zu pflegen, um ihre Wettbewerbsfähigkeit und ihr Überleben in einer Welt voller Unsicherheiten und Krisen sicherzustellen. Dies kann jedoch nicht ohne die aktive Zusammenarbeit von Verwaltungsrat, Geschäftsleitung, Scharia-Gelehrten und Bankaufsichtsbehörden geschehen.

C. Rechtliche und interne Rahmenbedingungen

1 Proaktiver Ansatz und Integriert Cor porate und Scharia-Governance

In Anbetracht der zahlreichen Herausforderungen, denen sich das islamische Finanzwesen gegenübersieht, wird empfohlen, dass die Branche einen regulatorischen Ansatz benötigt, wie zuvor erläutert. Als Voraussetzung muss die Scharia-Governance Teil der Bedenken von Regulierungsbehörden und politischen Entscheidungsträgern sein. Die Aufsichtsbehörden sollten die Umsetzung der Scharia-Regierung proaktiv überwachen und aus den Erfahrungen anderer Länder bei der Pflege des Scharia-Rahmens lernen. Das Prinzip der "Einheitsgröße" der Shari'ah ist nicht angemessen, da der Markt und das lokale rechtliche Umfeld unterschiedlich sind

von einem Ort zum nächsten. Bei der Gestaltung des Scharia-Governance-Rahmens ist es notwendig, einen integrierten Unternehmens- und Scharia-Governance-Rahmen zu haben. Diese beiden Dinge dürfen nicht getrennt werden, da sie sich ergänzen. In diesem Aspekt müssen die Grundsätze oder Richtlinien zur Unternehmensführung das Element der Scharia-Governance berücksichtigen, wenn Institutionen involviert sind, die islamische Finanzdienstleistungen anbieten. Dies ist wichtig, da das Stakeholder-orientierte Governance-

Modell der IFI von ihnen verlangt, die Rechte und Interessen aller Stakeholder zu schützen (Hasan, 2011).

2 Überwachung und Durchsetzung

Die Regulierungsbehörden sollten über einen umfassenden Rahmen in Bezug auf Aufsicht und Durchsetzung verfügen. Dazu gehören schriftliche Richtlinien für die Aufsicht von Aufsichtsbehörden, von Aufsichtsbehörden herausgegebene Richtlinien für internationale Finanzinstitute, ausreichende Ressourcen mit ausreichenden Kenntnissen über Governance-Angelegenheiten der Scharia und die uneingeschränkte Vollmacht zur Durchführung die Durchsetzungsfunktionen. Die Aufsichtsbehörden sollten Richtlinien bereitstellen und sicherstellen, dass sie die internen Richtlinien und Verfahren sowie die Umsetzung dieser Verfahren bewerten. Es ist auch wichtig, dass die Aufsichtsbehörden die IFI konsequent überprüfen, indem sie einen geeigneten Rahmen vorsehen, der es ihnen ermöglicht, eine Bewertung der Shari'ah-Steuerungsstrategien und -instrumente der IFI vorzunehmen, um etwaige Mängel zu beheben.

3. Streitbeilegung

Es wäre eine ideale Entwicklung, wenn die Aufsichtsbehörden als Teil der Gerichtsstruktur eine spezielle Bank für islamische Finanzfälle initiieren würden. In dieser speziellen Bank kann das Gericht Richter ernennen, die sich mit Islamic Finance auskennen, oder die Aufsichtsbehörden können einen bestimmten Betrag für die Ausbildung dieser Richter zur Verfügung stellen. Darüber hinaus muss ein zuverlässiges Scharia-Prozesssystem vorhanden sein. Es versteht sich, dass die obige Anordnung in einem säkularen rechtlichen Umfeld wie dem Vereinigten Königreich etwas schwierig zu implementieren ist. Daher ist es für die Regulierungsbehörden im säkularen rechtlichen Umfeld wichtig, eine gerichtliche Verweisung an Ashari 'an ein Board oder einen Scharia-Experten zu prüfen, um Fälle zu ermitteln, die Scharia-Probleme betreffen. Alternative,Es kann ein Sondergericht für Fälle von Islamic Finance eingerichtet werden, um Streitigkeiten mit IFI in dieser Art von Gerichtsbarkeit zu regeln.

Die politischen Entscheidungsträger sollten auch andere rechtliche Wege zur Streitbeilegung wie Schiedsverfahren und Mediation berücksichtigen. Derzeit gibt es mehrere Institutionen für internationale Streitbeilegung, wie das Dubai Centre für Schiedsverfahren und Schiedsverfahren, das GCC Commercial Arbitration Centre, das Bahrain Centre für International Commercial Arbitration Centre, das Internationale Schiedsgericht der Internationalen Handelskammer. das Londoner Gericht für Internationale Schiedsgerichtsbarkeit, das Kuwait Center for

Handelsschiedsgerichtsbarkeit, das Kuala Lumpur Arbitration Center und andere. Angesichts dieser zahlreichen Schiedsstellen wird empfohlen, dass es eine spezielle Einrichtung gibt, die alternative Streitbeilegungsverfahren und die Beilegung islamischer Finanzfälle anbietet. Alternativ sollten die bestehenden Schiedsstellen ihr Fachwissen und ihre Fähigkeiten im Bereich der islamischen Finanzen im Hinblick auf Ressourcen, Rahmen, Verfahren und Einrichtungen ausbauen und verbessern. An diesem Punkt müssen sich diese

Schiedsgerichtsinstitutionen darauf vorbereiten, sich mit den notwendigen Einrichtungen und Ressourcen zu versorgen, um die Notwendigkeit der Streitbeilegung im Zusammenhang mit islamischen Finanzfällen zu bewältigen. (Hasan, 2010)

Um die Wirksamkeit des Schiedsverfahrens zu gewährleisten, sollte die Entscheidung oder Lösung des Schiedsverfahrens verbindlich und abschließend sein. Die rechtsverbindliche Wirkung der Schiedsgerichtsbarkeit ist entscheidend, um die Glaubwürdigkeit und das Vertrauen in eine Lösung der Schiedsgerichtsbarkeit sicherzustellen. Trotzdem ist es auch wichtig, dass die Regulierungsbehörden die Schiedsgerichtsbarkeit als einen alternativen rechtlichen Weg zur Streitbeilegung anregen und Richtlinien und Verfahren herausgeben, die das islamische Recht als Hauptquelle des Rechts als Entscheidungsgrundlage anerkennen.

4 Durchdachte Satzungen und interne Richtlinien

Eine gut durchdachte Satzung und interne Richtlinien sind Voraussetzungen für eine effektive Steuerung der Scharia. In Anbetracht dessen sollten die IFI über geeignete Satzungen und Richtlinien als Richtlinien für ihre interne Verwendung im Hinblick auf Sitzungsverfahren, Beschlussfassung, Erstellung von Berichten und Verbreitung von Informationen, Aufzeichnungen und Überprüfungen verfügen. An diesem Punkt können die IFSB-10- und die AAOIFI-Governance-Standards die Grundlage für diese Satzung sein, wobei einige Änderungen erforderlich sind, die im lokalen Markt und in den regulatorischen Rahmenbedingungen umgesetzt werden sollten.

D. Eigenschaften des Scharia-Ausschusses für Unabhängigkeit

Im Folgenden werden die Eigenschaften der Unabhängigkeit der Shari'ah aufgeführt: (Hasan, 2009, 2010, 2011)

1 Art der Ernennung

Es gibt erhebliche Unterschiede in der Ernennungsmethode des Scharia-Ausschusses zwischen den IFI. Es wurde auch festgestellt, dass zahlreiche IFI die AAOIFI-Governance-Standards nicht eingehalten haben, da ihre Ernennungen von der BOD und nicht von den Aktionären vorgenommen werden. In Anbetracht der tatsächlichen Marktpraxis und praktischerer Instrumente zur Gewährleistung der Unabhängigkeit gibt es andere Mechanismen, die zur Erreichung eines solchen Ziels geeignet sind. Erstens muss die Bestellung entweder von der BOD oder den Aktionären erfolgen. Zweitens muss die Bestellung von den Aufsichtsbehörden genehmigt werden. Drittens darf die Ernennung nicht dauerhaft sein, sondern muss vertraglich verlängert werden. Viertens muss auch die Kündigung und Entlassung der Zustimmung der Aufsichtsbehörden unterliegen (Hasan, 2011).

2 Verhaltensregeln

Die Mehrheit der IFIs hat keinen Ethik-Kodex für das Scharia-Board. Die bestehenden Praktiken scheinen zu vermuten, dass die Mitglieder des Scharia-Vorstands an islamische ethische Prinzipien gebunden sind. In Anbetracht der Notwendigkeit eines bestimmten und genauen Ethikkodex, der spezifisch und exklusiv für den Shari'ah-Vorstand ist, können die Regulierungsbehörden sowie die IFI den Mitgliedern des Shari'ah-Vorstandes ein akzeptables Verhalten vorschreiben. Es ist Aufgabe der IFI, einen internen Verhaltenskodex für die Shari'ah-Behörde zu initiieren und zu entwickeln. Dieser Ethik-Kodex sollte durchsetzbar sein und innerhalb der Organisationsstruktur muss ein Mechanismus vorhanden sein, um die strikte Umsetzung sicherzustellen. Ein Verstoß gegen diesen Ethikkodex kann zu Disziplinarmaßnahmen wie Aussetzung, Kündigung oder anderen Sanktionen führen.

3. Professioneller Körper

Es gibt keine speziell eingerichtete Berufsorganisation, die eine Standardpraxis für das Scharia-Board festlegt, wie dies für andere Fachleute wie Rechtsanwälte, Wirtschaftsprüfer, Ärzte und Ingenieure der Fall ist. Die Einrichtung eines Berufsverbandes zur Festlegung der Qualifikationen des Scharia-Vorstandes, zur Einführung eines einheitlichen Verhaltenskodex, zur Entwicklung eines Schulungsprogramms und zur Verbesserung der Professionalität des Scharia-Vorstandes ist zum gegenwärtigen Zeitpunkt erforderlich. Derzeit versuchen verschiedene Gremien, Qualifizierungsprogramme für Shari'ah-Boards anzubieten, wie den AAOIFI Certified Shari'ah Adviser und Auditor, das vom IFC Islamic Finance Council initiierte Scholar Development-Programm, das SII und die IBFIM Shari'ah Scholars Einführungsprogramm,Es wurde jedoch festgestellt, dass solche Qualifikationen nicht allgemein akzeptiert wurden. Die Studie empfiehlt nachdrücklich die Gründung der Association of Shari'ah Advisors auf nationaler und internationaler Ebene.235 Mit dieser Assoziation kann die Qualität des Shari'ah-Boards auch von einer unabhängigen Agentur bewertet werden, ähnlich einer Ratingagentur .

4 Vergütungspolitik

Bei der Vergütung verschiedener Scharia-Boards gibt es erhebliche Unterschiede. Das Fehlen jeglicher Richtlinieneinschränkung oder Richtlinien zur Vergütung der Scharia-Regierung kann zu ungesunden Praktiken führen. Die zehn besten Scharia-Gelehrten, die die Führungspositionen der IFI auf der ganzen Welt dominiert haben, verdienen eine sehr lukrative und beträchtliche Vergütung. Es wurde festgestellt, dass ein Vorsitzender eines Shari'ah-Boards USD50.000 bis USD100.000 pro Board verdienen kann, und ein Spitzengelehrter könnte bei einem typischen Kapitalmarktgeschäft sogar bis zu 250.000 USD gewinnen. Diese Studie geht weiter davon aus, dass die fünf besten Scharia-Gelehrten bis zu einer Million Dollar pro Jahr verdienen können, wenn sie weltweit mehr als hundert Vorstands- und Vorsitzendenpositionen innehaben. Während es für Scharia-Berater keine Standard-Benchmark oder Staffelgebühr gibt,Die Regulierungsbehörden sowie die internationalen Finanzinstitute sollten auf der Grundlage der angemessenen Gebühren eine spezifische Richtlinie für die

Vergütung der Mitglieder des Vorstands der Scharia festlegen. Im Rahmen der internen Politik der IFI sollten die Gebühren der Scharia-Board-Skala von den Aktionären genehmigt und im Jahresbericht veröffentlicht werden. (Hasan, 2011)

5 Attribute der Scharia-Behörde zur Vertraulichkeit

Es gab Scharia-Gelehrte, die unbeabsichtigt oder indirekt vertrauliche Informationen offengelegt haben, insbesondere diejenigen, die in den Gremien zahlreicher IFI sitzen. Darüber hinaus zeigten die Umfrageergebnisse, dass 29% der IFI der Ansicht sind, dass der Vorstand der Scharia das Problem der Vertraulichkeit nicht vollständig kennt. Um dies zu erkennen, sollten die IFI über einen geeigneten Mechanismus verfügen, um dieses Problem zu lösen. Dazu gehören Vorgaben im Ernennungsschreiben, die Durchsetzung des Ethikkodex und Disziplinarverfahren für Fehlverhalten des Scharia-Ausschusses. Bei der Festlegung des Umfangs der Vertraulichkeit kann auf Abschnitt 52 des IFSB-10 verwiesen werden. Der IFSB-10 enthält jedoch keine Richtlinien für Disziplinarverfahren, falls Shari 'Vorstandsmitglieder verletzen die Vertraulichkeit oder geben sensible oder vertrauliche Informationen preis. Den IFI wird daher empfohlen, über angemessene Disziplinarverfahren wie Anhörungsverfahren und Beweisregeln mit einer geeigneten Organisationsstruktur zu verfügen (Hasan, 2011).

Bibliographie

AAOIFI. (n.d.). Governance Standard for Islamic Financial Institutions No. 7 Corporate Social Responsibility Conduct and disclosure for Islamic Financial Institutions: Accounting and Auditing Organization For Islamic Financial Institutions (AAOIFI).

Abdelhamid, D., & El Mahdi, A. (2003). The small business informality challenge: lessons learned from country experiences and the road ahead of Egypt. Paper presented at the Economic Research Forum Working Papers.

Abu-Tapanjeh, A. M. (2009). Corporate governance from the Islamic perspective: A comparative analysis with OECD principles. Critical Perspectives on Accounting, 20(5), 556-567. doi:10.1016/j.cpa.2007.12.004

Al-Rifaee, S. (2008). Islamic banking myths and facts.

Alasrag, H. (2010). Global Financial crisis and Islamic finance.

Ali Aribi, Z., & Gopinath Arun, T. (2012). Corporate Social Responsibility in Islamic Financial Institutions (IFI): A Management Insight. Available at SSRN 2052635.

Allen&OveryLLP. (2009). Islamic microfinance report for institutions offering Islamic financial services.

Ayub, M. (2009). Understanding Islamic Finance: Wiley.

Brown, D. (2013). Corporate social responsibility. (A Senior Thesis submitted in partial fulfillment of the requirements for graduation in the Honors Program), Liberty University.
Cernat, L., López , A. N., & T-Figueras, A. D. (2014). SMEs are more important than you think! Challenges and opportunities for EU exporting SMEs. Chief Economist Note, vol 3. Brussels: European Commission. Available from
http://trade.ec.europa.eu/doclib/docs/2014/september/tradoc_152792.pdf.
Chapra, M. U. (2007). 21 Challenges facing the Islamic financial industry. Handbook of Islamic Banking, 325.
Chapra, M. U. (2011). The global financial crisis: Some suggestions for reform of the global financial architecture in the light of Islamic finance. Thunderbird International Business Review, 53(5), 565-579.
Chapra, M. U., & Ahmed, H. (2002). Corporate governance in Islamic financial institutions. Occasional Paper No. 6, Jeddah, IRTI/IDB.
Dewar, J., & Hussain, M. M. (2011). ISLAMIC PROJECT FINANCE. In J. Dewar (Ed.), International Project Finance: Law and Practice: OUP Oxford.
Di Mauro, F., Caristi, P., Couderc, S., Di Maria, A., Ho, L., Grewal, B. K., . . . Zaher, S. (2013). Islamic finance in Europe. Retrieved from
Elasrag, H. (9. April 2011). Principals of the Islamic finance: A focus on project finance. MPRA Paper No. 30197.
Elasrag, H. (2010). Enhancing the competitiveness of the Arab SMEs. Available at SSRN 1586454.
European commission. (2015). User guide to the SME Definition. doi:10.2873/782201
10.2873/620234

Faiz, W. (2011). Challenges and opportunities Islamic financial institutions are facing in the western countries. (Master Thesis), University of Aarhus.
Farook , S. (2007). On corporate social responsibility of Islamic financial institutions. Islamic Economic Studies, 15(1), 31-46.
Friedman, M. (1962, 1982). Capitalism and freedom. United States of America: University of Chicago press.
Friedman, M. (September 13, 1970). The Social Responsibility of Business is to Increase its Profits. The New York Times Magazine.
Ghuddah, A. S. A. (1998). Ijara (lease). Dallah Al-Baraka Group Al-Baraka Banking Group (ABG) Department of Research & Development.
Haniffa, R., & Hudaib, M. (2007). Exploring the ethical identity of Islamic banks via communication in annual reports. Journal of Business Ethics, 76(1), 97-116.
Hasan, Z. (2009). Corporate Governance: Western and Islamic Perspectives. International Review of Business Research Papers, 5(1), 277-293.
Hasan, Z. (2010). Regulatory framework of Shari'ah governance system in Malaysia, GCC Countries and the UK. Kyoto Bulletin of Islamic Area Studies, 3(2), 82-115.
Hasan, Z. (2011). Sharīʿah Governance in Islamic Financial Institutions in Malaysia, GCC Countries, and the UK. (Doctoral thesis), Durham University. Retrieved from http://etheses.dur.ac.uk/810/
Hassan, A., & Latiff, S. B. A. (2009). Corporate social responsibility of Islamic financial institutions and businesses: Optimizing charity value. Humanomics, 25(3), 177-188.
IFC. (2014). Islamic Banking Opportunities Across Small and Medium Enterprises in MENA

Ilias, S. (2010). Islamic finance: overview and policy concerns. Retrieved from http://www.fas.org/sgp/crs/misc/RS22931.pdf
International Labour Office. (2015). Small and medium-sized enterprises and decent and productive employment creation Retrieved from Geneva, Switzerland:
International Trade Centre (ITC). (2015). SME Competitiveness Outlook 2015: Connect, Compete and Change for Inclusive Growth. Geneva: ITC.
Iqbal, Z. (1997). Islamic financial systems. Finance and Development, 34, 42-45.
Iqbal, Z. (2007). Challenges facing Islamic financial industry. Journal of Islamic Economics, Banking and Finance (JIEBF), 3.
Islamic Financial Services Board. (May 2015). Islamic Financial Services Industry Stability Report 2015 Retrieved from Malaysia:
Jamali, D., & Mirshak, R. (2007). Corporate social responsibility (CSR): theory and practice in a developing country context. Journal of business ethics, 72(3), 243-262.
Léon, F., & Weill, L. (2016). Islamic Banking Development and Access to Credit. Université de Strasbourg: Laboratoire de Recherche en Gestion et Economie (LaRGE)
Maali, B., Casson, P., & Napier, C. (2006). Social reporting by Islamic banks. Abacus, 42(2), 266-289.
Malaysia International Islamic Financial Centre. (February 2016). Islamic finance: Bridging the Funding Gaps of SMEs and MSMES. Retrieved from Malaysia:
Mohammed, J. A. (2007). Corporate social responsibility in Islam. Auckland University of Technology.
Moon, J. (2011). Corporate Social Responsibility. Manchester Business School.

Muhammada, M. Z., & Chonga, R. (2007). The Contract of Bay'Al-Salam and Istisna'in Islamic Commercial Law: A comparative analysis. Labuan e-Journal of Muamalat and Society, 1, 21-28.
Mumani, H. F. (2014). Islamic Finance for SMEs in Jordan 1978-2014. (Master of Science in Banking and Finance), Eastern Mediterranean University (EMU)-Doğu Akdeniz Üniversitesi (DAÜ).
Navas-Alemán, L., & Guerrero, T. (2016). Procurement practices and SMEs in global supply chains: what do we know so far? : A literature review

Geneva: ILO, : International Labour Office, Enterprises Department.
OECD. (2004). OECD Principles of Corporate Governance 2004: OECD Publishing.
OECD. (2016). Financing SMEs and Entrepreneurs 2016: OECD Publishing.
Rasameel Structured Finance. (2014). 2013 Annual Global Sukuk Report. Retrieved from
S&P Shariah Indices Methodology, (March 2014).
Saidi, N. (2008). Corporate governance in Islamic finance. Islamic Wealth Management: A Catalyst for Global Change and Innovation. London: Euromoney Institutional Investor.
Shaban, M., Duygun, M., & Fry, J. (2016). SME's lending and Islamic finance. Is it a "win–win" situation? Economic Modelling, 55, 1-5. doi:http://dx.doi.org/10.1016/j.econmod.2016.01.029
UK Islamic finance secretariat UKIFS. (2013). financial markets series UK. Retrieved from
United States International Trade Commission (USITC). (2014). Trade Barriers That U.S. Small and Medium-sized Enterprises perceive as affecting exports to the European

Union, Investigation No. 332-541, Publication 4455. Washington, D.C.
Available from http://www.usitc.gov/publications/332/pub4455.pdf.
Usmani, M. I. A., & Zubairi, Z. (2002). Meezan Bank's Guide to Islamic Banking: Karachi: Darul-Ishaat Urdu Bazar.
Uusmani, M. T. (2002). An introduction to Islamic finance (Vol. 20): Brill.
Wajdi Dusuki, A. (2008). What does Islam say about corporate social responsibility? Review of Islamic Economics, 12(1), 5-28.
World Bank Group, & Islamic Development Bank. (2015). Leveraging Islamic Finance for Small and Medium Enterprises (SMEs). Retrieved from Washington DC:
Zyp, V. L. (2009). Islamic finance in the United States: Product development and regulatory adoption. Georgetown University.

Wilson, Rodney (2009). 'Shariah Governance for Islamic Financial Institutions'. Journal of Islamic Finance 1(1): 59-75.

www.ingramcontent.com/pod-product-compliance
Lightning Source LLC
LaVergne TN
LVHW010758051026
849532LV00007B/2395